クニイの素《モト》

Love Bike, Love Life.

国井律子

CONTENTS

Hello,
everyone!
I'm in ——
7:00_4_18_2008

KAMAKURA!

8:30_4_18_2008

When you come to KAMAKURA ......
You should make a wish
at TSURUGAOKA HACHIMANGU.
And then ......

9:00_4_18_2008

You should also look at
DAIBUTSU!
11:00_4_18_2008

11:30_4_18_2008

Can I join ?

11:45_4_18_2008

Shall we go now?

15:00_4_18_2008

はじめに

　オートバイは簡単にころんと転がってしまう、アンバランスな乗り物だ。ひとつ間違えれば危険をともなう。季節によって、暑いし寒い。雨に降られたら最悪だ。さらには、日焼け、乾燥、しみ・そばかす。向かい風で髪はパサパサ。指先にささくれ。ススまみれ泥まみれの肌は、いつも毛穴がつまりがち。夏場のブーツは蒸れに注意！

　そう考えると、なんて融通がきかない乗り物だろう。ひどすぎる。それでも私は、オートバイが大好きである。

　オートバイのいいところ。

〝シンプル〟なところ。

　クルマのように屋根がなく、身体がむきだし。ときに不便を感じることもある。でも、ある晴れた日、これ以上ない青空の下でオートバイを繰っていると、この瞬間、このすがすがしさを味わうために私は生まれてきたんだ！　などと大仰なことを、つい思ってしまう。

　オートバイの愉しみ方は人それぞれだ。１００人いれば、１００とおりのストーリーがあり、すべてのライダーが物語の主人公になれる。そういうところも、この乗り物の魅力のひとつだと思う。

本書には、私流のオートバイの愉しみ方、つきあい方が記されている。ツーリングや旅の話、行く先々で出合った旨いもの、オートバイに乗ったからこそ気づいたいろいろ……。

『クニイの素』という題名は、「オートバイあっての国井律子」、つまり「私の素」という意味と、この文章を連載していた雑誌、MOTO NAVI（モトナビ）の「モト」をかけて付けられた。

オートバイに対する私の気持ちが、みなさんに伝わると嬉しいです。

私と私の大好きな

オートバイへ――。

Love Bike, Love Life.

どことなく西洋風な風景である。背後には、こだわりのデザインが目立つマラグーティ・ドラゴン50NKD。いったいどこでいつ撮った写真でしょう？ 答えは24ページの写真キャプションにて。

＊ヨーロッパ・イタリアの旅で出会った人々

1 国境の町で、グラーッツェ

［アプリリア・スカラベオ250GT＆マラグーティ・ドラコン50］

8ユーロの地図を片手に

国境。

小さな島国で生まれ育った私は、その言葉に胸が高鳴る。意味もなくワクワクするのだ。この山を越えれば、川を渡れば、地平線の向こうには……と、想像すると居ても立ってもいられなくなり、いままで幾度となくその境目をさまよってきた。

かつて、イタリアを旅したときもそうだ。ミラノでオートバイを借り、本屋で8ユーロを払って手に入れたのは、イタリア全土が載っている折りたたみの地図。それをBARで広げた。ちなみにBARは「バール」と読む。イタリア的な読み方をするなら「ル」を巻き舌にするといい。イタリアのどの街にも必ずある、酒が呑める喫茶店だ。そこで地図を眺めていると、点線で記された国境が目に留まった。条件反射のように「行くしかない！」と強く思った。意味もなく、あてもなく、私は大雑把な地図だけをたよりに、翌朝にはアウトストラーダ（高速道路）を北に向かって走っていた。

ミラノから1時間ほど進むと、頂のギザギザした山塊が目の前に立ちはだかった。アウトストラーダをひょいと降りると、山道は地図以上に険しく、右へ左へあわただしくコーナーが現れる。ワインディングの間々には小さな町が点在している。石造りの教会やペンションや山小屋のベランダには、あざやかな紫色の花が咲き乱れていた。山の斜面が野っ原と化したスキー場をいくつも見かけた。

避暑を求める人々で華やいだオルティセイの街、はたまた静まりかえった小さな谷底の集落を数え切れないほど通りすぎ、ユーラシア大陸の中へ中へと突き進んでいった。ようやくイタリアとオーストリアの国境の町、ドッビアーコにたどり着いたころ、ミラノを出てからすでに5日が経っていた。あと東へ10キロほど走ればオーストリアだ。

と、そのとき、大粒の水滴がシールドにぽつりと当たった。と思ったら、一瞬にして土砂降り。たまらず大木の下にオートバイごとすべりこんだ。雨あしは強まる一方だった。葉っぱの隙間から冷たい滴がぽとりぽとり落ちてきて、私の心を不安にさせる。

突然の豪雨に……

一台のクルマがふいと目の前で止まった。運転席から老人が顔を出し、イタリア語で何やら話しかけてくる。すぐそこにボクがやっているガソリンスタンドがあるから、雨宿りしなさい……。老人は窓から吹きこむ雨滴で左肩をひどく濡らし、おそらくそんなことを身振り手振りを交えて言っているようだった。ローマやミラノなどの大都市をのぞいて、イタリアでは英語がほとんど通じない。だからこの国を旅するとき、毎日が連想ゲームみたいになる。けれど言葉が通じなくても、相手の目を見て、ジェスチャーを加えれば何とかなるものだ。言い方は悪いが、犬とのコミュニケーションに似ている、といつも思う。私は「グラーッツェ（ありがとう）！」と礼を述べオートバイに跨った。振り返ると、老人はニコニコしながら何度もうなずいていた。

店までの距離は100メートルもなかったが、そのわずかな移動でびしょ濡れになった。雨が止む気配はなく、ときおり耳をつんざくような音を立てて雷光が地面に吸いこまれていった。

老人のガソリンスタンドは閉まっていた（そもそもこの店が彼のものかどうかはわからないが）。軒下のベンチに座りながら、見知らぬ街の、もしかしたら2度と訪れることはないだろうこの場所で、私

これらの写真は2006年2月2日、骨身にしみる寒い早朝に撮った。場所は“オジサンたちのオアシス”、新橋の裏手にある汐留（しおどめ）シオサイト5区だ。このあたりの、イタリアの街並みを髣髴とさせるビル群は圧巻だ。

イタリアで、ベスパなどいかにもイタリアンなスクーターに跨るのはオジサンばかり。若者にダントツ人気なのは、日本産のビッグスクーターだ。ローマやミラノの往来は、渋谷とあまり変わらない。

は激しく降り続く雨をただ眺めていた。荷物を満載したタンデムのカップルたちが数台やって来ると、大騒ぎしながらレインウェアを着こみ、去っていく。彼らが交わす異国語が雨音の合間に聞こえてくる。道を挟んだ向こう側には、濡れそぼる牛たち。旧い煉瓦造りのサイロ。遠くの山々はあざやかな緑色に染まっていた。自分はいまいつの時代に存在しているのか、幾度もわからなくなりかけた。そして自分は誰で、いまどこに向かっているのか……。この手の問いは、旅のさなかときおり私を襲う。

小一時間ほど経っただろうか。雨が弱まり、気がつくと分厚い雲の隙間から太陽が顔を覗かせていた。アスファルトから立ちのぼる埃っぽい匂い。靄。路面がどんどん乾いていく。さて、行こうか。

あっけない国境越え

オーストリアが近づくにつれて険しい山々から一転し、なだらかな草原地帯になった。景色が開けた街道沿いには、BARや宿が軒をつらねている。国境の雰囲気に浮かれながら、さらに進むとイタリアの国旗が描かれたブルーの看板が目の前にドンと現れた。しかしそこにあるのはその看板と、ほんの小さなゲートだけ。料金所らしきブースはどうやら無人のようだ。オートバイを止め、しばらく様子をうかがっていると、乗用車や丸太を積んだ大きなトラックや、自転車までもがノンストップでゲートをくぐっている。

ずいぶんあっさりした境界線に拍子抜けしながら、先へ進んだ。日差しは強い。草原から吹いてくるのは湿り気を帯びた温かな風。はるか彼方には夏空に沸き上がる入道雲。ペンションや食堂には、「マルサーラ」とか「ボナセーラ」とか、なめらかな印象を受けるイタリア語に変わり、「ダンケ」とか「イッヒ」とか、口角泡を飛ばすような力強いイントネーションの文字が書かれている。

「抜かれたら抜き返せ」、「クラクションを鳴らされたら鳴らし返せ」が当たり前だったイタリアのにぎやかな道路事情。けれどこちらのクルマはみな悠々と、そして整然と走っている。道行くクルマはドイツ車ばかりだ。

ここは本当にオーストリアなのだろうか。果たして国と国との境界線を、私は越えたのか。もしそうだったら、ユーロは使えるのか。

なにしろ前回、欧州を訪れてから10年以上が経っている。ユーロが導入されて初めてヨーロッパを旅しているわけなのだ。けれど、いまだにスイスやイギリスなどではその通貨が使われていない。オーストリアはどうなのだろう？ なんにも知らないくせに、思いつきだけの国境越え。そして持っているのは例の大雑把なイタリア地図だけだ。

おばさんが焼いたチキン

一抹の不安を抱えながらリエンツという町に入ると、こうばしい香りが胃袋をくすぐった。大きなグリルに並んだたくさんのチキンが、食堂の店先で丸

焼きにされていた。煙が勢いよく上がるその横には、いかついサイドバックを取り付けたオートバイが数台停まっている。それらのほとんどはツアラータイプのＢＭＷだった。吸い寄せられるように、店の前にオートバイを止める。肉を焼く金髪のおばさんにユーロは使えるのかと英語でたずねてみると、彼女は大笑いしながら「オフコース！」と、綺麗な英語で返してきた。久しぶりに誰かと「言葉」で通じ合えた気がした。たった数キロ移動しただけなのに、私は肌で国境越えを感じた。

店のなかで、たったいま焼き上がったばかりの、ほかほかなチキンをいただいた。プラスティックのナイフで皮をパリッと裂くと、なかから肉汁があふれだした。塩コショウが振ってあるだけのシンプルなご馳走は、涙が出るほど旨かった。隣のテーブルでは、革つなぎを着た中年のライダーがタバコの煙をくゆらせていた。屋根のある場所すべて禁煙だったイタリアとは異なる光景に、ずいぶん遠くまで来たものだとしみじみ思う。

店員はみな発音がいい英語をしゃべる。「日本人がこの店に来たのは初めて」と若い男の店員がわざわざ言いに来た。目の前に座った老婆も、物珍しそうにこちらを眺めてはにっこりと微笑んでいる。

店を出た。見知らぬ国の見知らぬ道をしばらく走った。再び暗雲が立ちこめ、大粒の雨がシールドに当たるが、レインウェアはあえて着ない。なぜならすぐ先には、明るい水色の空がはっきり見えるから。そのさらに先、地平線の向こうはどんなふうになっているのだろう。小さな島国で生まれ育った人間が憧れるような、きっとワクワクするような景色が待っているに違いない。

クニイの後記

高くついた国境越え

バスや電車でとかではなく、自分が運転する乗り物で国境を越えたことがなかった。ということを、このツーリングの最中ふと思い出しオーストリアを目指した……。

私の旅はいつもこうである。

膨大な時間のなかでヒマをつぶす。それはひとり旅の醍醐味でもあるのだけど。反して、財布のなかはいつも寂しい。だから、まんいち高い通行料金を取られるなら、ゲートで引き返そうとも思っていた。そのようなセコイことを考えながらの国境越えだった。

文中にも書いたとおり、難なくゲートをくぐることができた。それにしても、あまりにあっさりしていた。かつて旅したミャンマーとタイの国境のように軍や警察の姿は見かけないし、友人との雑談の中でたまに耳にする「いやぁ、税関を通るとき、ワイロを渡して事なきを得たんだよ」とか、ぴりぴりした様子が皆無だったのだ。ゲートの向こうは、クルマとか地名とか、いままでいたイタリアとはなんとなく違うような気もしたが、国境を越えた実感はまるでなかった。

私はオートバイを路肩に寄せ、カバンのなかからケータイを取り出した。電話した先は親父だ。久しぶりにかかってきた娘からの連絡に「ナニ、おまえ。オーストリアなんかにいるの!」と、親父は驚いていた。いまごろさらわれたんじゃなかろうかと、彼なりに心配していたらしい。けれどその横では母の高笑いがする。

「あんな小学生にしか見えない子、さらう物好きなんかいないわよ!」

で、結局、電話をしながら親父がインターネットで調べてくれた。そのおかげで私はいま、間違いなくオーストリアにいることが判明した。そのときは、こんな丘と緑しかない僻地で親と話せるなんて「すごいなケータイ」。しかも、聞いたことがない遠い街のことを調べられるなんて「すごいなインターネット」と感激したが、いまとなってはそんなどうでもいいことを国際電話で聞く必要があったのか疑問。かえって高い国境越えになってしまった。

2005年7月31日、オーストリアとイタリアの国境、リエンツという町にて。カメラ目線の金髪女性が「英語、使えるに決まっているじゃないの!」と、笑って答えてくれました。

2

＊運動嫌いの私がはまった新たな趣味、トレッキング

あの娘に会いに、山へ行こう。

［ヤマハ・セロー250］

バイクはスポーツにあらず

実家の前でオートバイを洗っていたら、「リッコちゃんは昔から本当に活発だったからねぇ」と、通りがかった近所のおじさんに目を細められた。

でも私の子ども時代といえば、家のなかで絵を描いたり、ファミコンばかりしていたはずだ。中学、高校では美術部だったし、さかのぼって小学生時代は漫画研究会に所属していた。

だからおじさん、違うんだよ。

と、ノドまで出かかったが、なごやかな雰囲気を壊すのも無粋と思い、ふふふと笑ってごまかしたけれど。

学生時代はずっと文化部（高2の秋から帰宅部）だった。身体を動かす愉しみをまるで知らずに生きてきた私が、初めて夢中になったスポーツがオートバイである。乗り始めたころは、全身の筋肉がちぎれんばかりに張っているのを感じながら、さすが〝モータースポーツ〟だ！と、嘆きつつもニヤけたものである。

けど、いくら運動をしてこなかったといえ、同じ動作を繰り返せばいずれ筋肉が慣れてくる。私の場合そうなるまで、約一ヵ月かかった。また、オートバイが〝ドア・トゥ・ドア〟で移動できる、便利な乗り物だと気づいたのもちょうどそのころ。100メートルも離れていないコンビニに乗りつけたりと、あっという間にナマケモノ・ライダーができあがってしまった。

オートバイに乗り始め、ますます運動から遠ざかった私は、なるほど、モータースポーツとはレースとかラリーに限って用いられる言葉なのだ……と、ゆるんだ腹をつまみながら、しみじみと理解したものである。

トレッキングはビールがうまい⁉

運動不足タケナワ（?）だった数年前の秋、とあるアウトドア雑誌のトレッキング企画に誘われた。これといって断る理由もなかったので、山梨県はJR初狩《はつかり》駅からほど近い高川山《たかがわやま》へ行くことに。標高976メートル。そんなに高くはないけれど、のんびりした雰囲気の里山は登山客に人気らしい。

が、歩き始めて3分も経たないうちに後悔した。初狩駅を出発して住宅地を抜けた時点で息が上がり、登山口にデンと掲げられた〝クマ出没注意〟の看板におののく。突然目の前を横切ったヘビに、この世のものとは思えない叫び声を上げてしまった。だいたい山登りなど小学校の遠足以来だ。どうしてこんなシンドイ企画に参加したのだろうかと、ノリだけで生きている浅はかな自分を呪った。

私のただならぬ疲労困ぱいぶりに気づいた登山ガイドが、「ほら、あそこの木に止まってる鳥が……」とか、「紅葉が進んできましたね……」などと、頻繁に話しかけてくれた。だが私には、景色をめでる余裕などなく、ああ神さま、この苦行を早く終わらせてください。仏さま、今後トレッキングなど絶対にいたしませぬ。目線を足もとに落としたまま祈るばかり。いやはや、えらい仕事を引き受けてしまったものである。

などと思いながらも、気づくと頂上まであと少し。へとへとになって最後の一歩を踏みこむと、何の前触れもなく藪のなかから犬がひょっこり現れたのだ（キャ〜！と叫ぶ余裕もなかった）。

〝ミニチュア日本オオカミ〟といった風貌の、ワイルドなウルフカットのその雌犬は、首輪をはめていた。迷ったのだろうか。それともこんな場所に捨て

2005年9月23日、山梨県は都留（つる）市にあるキャンプ場にて。セローは軽くて足つきもよくて、自転車みたいに乗れる。“身体：オートバイ”で考えたら、私に一番合うスケールだった。

られてしまったのか。一瞬われわれの顔が曇りかけた。が、ちょっと待て。山頂に置かれた登山者たちのノートには「今日もビッキーに会えた」とか、「ビッキー、かわいい☆」とか、書きこまれている。岩場に置かれた釜飯の器は、きっと彼女のもの。どうやらみんなからおこぼれを頂戴している、山頂の主だったようだ。

予期せぬ出合いに喜んだのもつかの間、翌日からははんぱない筋肉痛……いや、ケガと言った方がいいか。目覚めた瞬間からアイタタタ……。一番つらいのは階段の下り、アタタタタッ！　オートバイに跨るのもひと苦労で、アチョーッ！　とカンフー映画さながらの威勢がいい叫び声を、向こう一週間上げ続けた。

けど〝性懲り無い〟という言葉は、きっと私のためにあるのだろう。ケガ（っていうか筋肉痛）から2ヵ月後、またも雑誌の企画にひょいひょい乗った尻軽女は、今度は長崎の普賢岳《ふげんだけ》山頂を目指した。

先のモータースポーツしかり、筋肉は慣れる。初回にひどく痛めてしまえば、次からのダメージはさほどでもない。こてんぱんにやられるほどメンタル面の免疫も高まるらしく、2度目のトレッキングは意外にもあっさりとしていた。

その後、仕事でたびたび山を歩くようになり、「トレッキングも悪くない」と、思っている自分に驚く。なぜなら、頂上から望む立体的な景色がすばらしいからだ。日ごろいかに平面の世界で暮らしているか、思い知らされた。また、山のてっぺんでいただくコンビニ弁当の美味しいこと。感動的なのは下山後のビールだ。山道が険しいほど、身体にじんと染み渡る。まるで魔法をかけたような味わい深さで、私はそれを〝トレッキング・マジック〟と呼んでいる。

山登りと、それがもたらす副産物（主にビールですな）に魅了され、トレッキングは旅の愉しみのひとつに加わった。きっかけはどうあれ、脱ナマケモノ・ライダー。胸を張って言おうじゃないか。スポーツは楽しい！（その後のビールがうまい！）

甘党のオオカミ、ビッキー

10日ぶりに休みが取れた、ある夏前の平日。この日は波乗りをする予定でいたが、早朝のケータイ波チェックによると千葉方面は波がない。湘南、伊豆、茨城も軒並みフラットだという。せっかくの休みなのにと肩を落としかけたところ、ふっと頭をかすめたのはビッキーがいる高川山だった。

オートバイに跨り、中央自動車道に乗った。高川山に着くと登山道の入り口、すぐわきにあるスペースに駐車して、さっそく山を歩き始める。

前回登ったときのこの山のイメージは、今にも滑落《かつらく》しそうなほど悪しき足場。山頂への道はまるでスキー場の上級者コースのように急峻《きゅうしゅん》に感じた。でも、あれからいろんな山を経験し、足腰が多少は強くなったのだろうか。今回はずいぶん余裕がある。なにせ行く先をキラキラ照らしている木漏れ日に、心が癒されているのだから。

木々のトンネルをのんびり歩いたり、視界が開けた斜面ではどんどん小さくなっていく初狩の町を眺めたり。そうしてあっという間に登頂すると、ビッキーも待ちかまえていたようにひょっこり現れた。

地面に腰かけ、さっき下界で調達したコンビニ袋をガサガサと開けた。隣にちょこんと座ったビッキーは、興味津々な様子でこちらをうかがっている。久方ぶりの再会に、なんだか心が弾んでしまう。でも彼女、舌がそうとう肥えているようだ。差し出したおにぎりにそっぽを向き、そうかと思えば尻尾を振りながらパンケーキを頬張るのだ。どうやら甘党らしい。

さて、そろそろ行くか。ビッキーの頭をなで、もと来た道を歩き始めると、その犬は私の横を猛烈な勢いで駆け抜けて行ったのである。20メートルほど先で立ち止まり、私との距離が縮まると再び走り出す。ゆるやかな追いかけっこをどのくらい繰り返したか。ある地点をさかいにビッキーは完全に止まり、尻尾を振りながらこちらをじっと見つめていた。

「ここまで見送ってやったんだから、また遊び来な

とびきりの笑顔だが、この日じつは雨がザンザン降りで、せっかくのセローにもあまり乗れず。天気のいい日にもう一度チャレンジしたい。このマシンで、久しぶりに長～いダートを走ってみたいですよ。

さいヨ」

きっとそう言っているに違いない。勝手な解釈をし、オートバイのエンジンをかけた私は、東京に向かって走りだした。

それからしばらく経ち、夏も終わりに近づいたある日のこと。新聞にビッキーのことが書かれた記事を見つけた。

高川山の主はあちこちにファンがいるらしく、市役所や保健所に「飼いたいので捕まえてほしい」という声が何件も寄せられているそうだ。いっぽうでは、犬嫌いの登山者から苦情も上がっているらしい。市役所と保健所は、ビッキーを希望者に引き渡そうと数回にわたって捕獲を試みたが、いずれも失敗したという。

なんだか胸がザワザワするような、いやな気分になった。もちろん私が口出す権利など無いことはわかっているけど、あの山に行けばビッキーがいる……そんなほんわかした幸せがどこかへ行ってしまう気がして、妙ないらだちを覚えた。


で、すっかり秋深しである。気がつけばあの記事を読んでから、だいぶ時間が過ぎてしまった。今もビッキーはいろんな登山客からたくさんのご馳走を頂戴しているのか。相変わらず、差し出されたおにぎりに「フンっ。私は甘い物が好きなのよ」と、そっぽを向いているのか。それとも誰かに飼われているのだろうか。

波のない日、ふらっとオートバイに跨って、彼女の元気な姿を見に行きたいと思うこのごろだ。

2005年3月16日、1年半ぶりに登った高川山で、ビッキーに再会の図。この写真のときからすでに3年以上が経ってしまった。今年の冬は寒かったけど、元気でやっているかな。

トレッキングはカップルで!?

「トレッキング・マジック」もいいけれど、ある夏に礼文(れぶん)島を縦走したときは、「トレッカーズ・ハイ(そんなものがあるのかは謎だけど)」を経験してまった。

礼文島の西側に広がる山野を8時間ぶっ通しで歩き続ける、気力体力ともにヘビーな礼文島ハイライト。"愛とロマンの8時間コース"という名前がついているルートである。

行程が終盤に差しかかったころ、私はくたびれ果てていた。ひたすら続く急な上り坂はまるで無限地獄のようで、ことあるごとに甘いものをつまみ、機械になった気持ちで黙々と歩いた。すると、ある瞬間から身体がふわっと軽くなったのだ。

蓄積された疲れが吹っ飛んでいく。身体中にパワーがみなぎってくる。眠りをむさぼった朝にも似ているすっきり感。思わずスキップでもしたくなるような愉快な気分で、無事ゴールを迎えることができたのだった。山に対して深い愛情を持った経験だった。

話は変わるが、トレッキングは大好きな異性とするのがベストだと私は思う。月並みなデートコースをたどるよりかよっぽど楽しいし、刺激的だし、感動だって分かち合える。山ではお金なんか要らないから余計な出費(デート代)も抑えられる。頂上からふたりで望んだ立体的な景色は、忘れえない思い出になること間違いなしである。

若者よ、ありきたりな都会のデートに満足していないで、山に登ってみてはどうだろうか……、などとトレッキングをするたびに思うこのごろだけど、恥ずかしながら当の本人がまだ一度も実行したことがない。

今度ぜひ、下山後のビールを大好きな人としみじみ呑んでみたい。その機会を虎視眈々と狙っているが、憧れがふくらむだけで実現できない自分がもどかしい。

MOL
HANJIN
SWEET YEARS
HONDA

2005年11月11日、お台場あたりの駐車場の最上階にて。本書の写真を担当する岡村氏は、いいロケ場所を本当によく知っておられる。私の周りのカメラマンのなかでは彼がダントツ「ロケ場所博士」だ。

3

＊クニイ流のクルマ選びと愛車遍歴

わたしはジャガーの似合うオバサンに、なれるだろうか？

［ホンダCB750F］

クルマ選びはオソロシイ

新しいオートバイを買うとき、それはそれは悩む。メーカー、車種、色、新車、中古、旧車、外車、国産、オン、オフ。車体のサイズも重要なポイントだ。大男が華奢なオートバイに跨るとサーカスのクマみたいになるし、私のように160㎝に満たない背丈だと、足が地面に届かないこともある。購入後の置き場所も確保しなくてはならないし、何よりも値段が一番気がかりだ。

睡眠を削ってカタログや雑誌をむさぼり読んだり、ときに仕事をさぼってはバイク屋に足を運んでみたり、あれこれ悩むわけだ。でも、そういう時間はマンザラでもない。その段階で、すでに楽しいオートバイライフが始まっているからだ。

かたやクルマ選びは、いまいち素直に堪能できない私がいる。もちろんクルマは大好きだし、もし身体がもうひとつあるならば、それよりお財布が許すなら、こんなのにもあんなのにも乗ってみたい。いつかはきっと！と、恋焦がれているクルマだってある。たとえばジャガーのXJSがそうだ。あのなめらかな曲線美に、10代のころからずっと憧れ続けている。

クルマを選ぶにあたって、私がいつも気にとめていることは2つ。

①クルマ＝ステータス

持ち主の甲斐性が瞬時にわかる〝恐ろしい乗り物〟である、ということ。

②クルマ＝年相応が大事

高級ブランド品などもそうだけど、歳を重ねてこそしっくりハマる、深みのようなものがクルマにもあると思う。

で、私のような中途半端な年齢が、それら2つを無視して憧れのクルマ、しかも高級外車を手に入れようとしたらどうなるか。

まず「買う！」と決めたからには、貯金に命をかけるだろう。いっさいの無駄遣いをやめ、3食すべて納豆ごはん。光熱費を少しでもカットするため冷暖房はつけない。駅遠、日当たり最悪、築30年のアパートで爪に火をともすように暮らし、数年かけて貯めた頭金でやっとこさ念願のクルマを手に入れる。きっと、納車してしばらくは、これからやってくる鬼のようなローンや税金や修理代のことなどすっかり頭から抜け落ち、天にも昇る気持ちで愛車との日々をすごすだろう。

けれどその姿は、はたからどう見えるのか。事情を知らない周囲から、「あの娘さん、そうとう背伸びしたな」と、陰でこそこそ言われるかもしれない。もしくは「パパでもいるんじゃないの？」と、いぶかしがられるかもしれない……。などと、そのたとえ話はいささかオーバーとしても、せっかく購入した愛車が自分に似合っていなかったらどうしようとか、下品に見えたりするのでは？とか、中途半端な年齢の私はつい自意識過剰になってしまうのだ。思いこみすぎ？ええ、わかっていますとも……。

ボロボとじいちゃん

ここで一応、私のクルマ遍歴をバラしておこう。18で免許を取得したと同時に、兄から下がってきたのはボルボ960エステート。なんだガイシャかよ！とヤジが飛んできそうだが、いえいえ。このクルマのあだ名は〝ボロボ〟。かろうじて屋根がついている廃車寸前のボログルマだったのだ。兄はこのクルマを趣味の渓流釣りに使っていた。藪をかき分けてポイントを探したため、両サイドがシャビシ

リップクリーム依存症だ。くちびるが乾いていると、なんか気になって……。化粧ポーチはもちろん、自宅には3～4本常備。車内でもダッシュボードから取り出しては、こうして塗りたくっている。

ャビに傷つき、車体の黒い塗装は剥げ、ドブネズミ色になるほど酷使。ボディの四つ角もみごとに丸く削られていた。さらにゆずり受けたとき、すでにサスペンションもいかれていた。ブレーキを踏むたびに「くくーくーくー」と、陽気な音が車内に響いたものである。大昔、子ども向けの番組に登場したゴン太くんの鳴き声そのもので、何度か修理に出してはみたが原因はわからずじまい。ある大雨の日に突然エンジンが息絶えるまで、ゴン太くんはクルマのどこかに棲み続けていた。

2台目に行き着くまではしばらく時間が空いた。貧乏だった私にとって、クルマは〝超〟が付くほど高嶺の花だったからだ。生まれて初めて自分で買ったクルマは、86年式のメルセデスベンツＳＬ500。清水の舞台から飛び降りた、27歳の秋である。ジャガーＸＪＳと同様、いかついマスクと美しい流線型のボディは、昔から憧れていたクルマのひとつだった。だがなんと、買った値段は私の愛車、ハーレーダビッドソン・スポーツスターＸＬ1200Ｓよりも安かったのである。新車のときは1千万オーバーだったのに……。ついでに言えば、このクルマのあだ名は〝じいちゃん〟だった。

けれど、あるときから波乗り（ロングボード）にハマりこみ、次第にＳＬは私のライフスタイルに合わなくなる。脱着可能のルーフキャリアを取り付け、試しに屋根にボードを積んでみたが、時速40キロ足らずで板が上下に大暴れ。こりゃいかんと、泣く泣く手放すことにした。本心を言うならば、このクルマはぜひとも手元に残しておきたかったのだけど、相も変わらず〝経済的な理由〟がそれを許さなかった。で、現在のダッヂ・デュランゴに乗り換えたというわけだ。

厳選のすえのデュランゴ

デュランゴを選んだ理由は次の通り。

①押しが強いマスク（クルマも男性も、いかついフェイスにグッとくるようです……）

②希少である（これがのちにアダとなり、高いパーツ代に泣くことに……）
③世田谷の道にギリギリのサイズ（これ以上車体が大きいと、近所の角を一発で曲がれなくなる）
④一見、値段がわからない

デュランゴを選ぶに当たって、特に④についてはそうとう作戦を練った。一方オートバイはというと、そのあたりはラクだ。バイク界のフェラーリと呼ばれているアレとか、職人が一台一台手作業で仕上げるソレとか、ごく一部の超レアなマシンは別として、クルマほどは値が張らない。高級クラスを狙っても、クルマと較べればたかが知れているのだ。だから、さほど周りから変な詮索をされずにすむ。

ちなみに私は23歳のときに貯金をはたいてハーレーダビッドソンを手に入れたが、これまで旅先で出会った人々にオートバイの値段についてたずねられることはほとんどなかった。それよりも、「もし倒れたらひとりで起こせるのか」と、心配されたり、「へー！　品川ナンバー！」と、九州の端っこで驚かれたり、「あんた、本当にオートバイが好きなんだねぇ」などと言われては、周りはいつも笑って応援してくれた。そういった気安さが、オートバイにはあるのだと思う。

気安さだけではなく、じっさい税金も安い。デュランゴはたった一台で年間10万円近くいってしまうのに、オートバイのほうはハーレーダビッドソンと国産ビッグスクーター2台を合わせても６４００円也。オートバイに楽しませてもらった1年間を振り返れば、それってなんと良心的な金額だろうと思う。物価が高いわが国も、まだまだ捨てたものではない。それに較べてクルマの税金は高すぎる。納税の季節が訪れるたびに複雑な気分になる。

あらためてクルマは、〝おとなの乗り物〟なのである。いつになればガソリン代とか、高い駐車場代とか、税金とかを気にせず、ガンガン乗り回せるようになるのだろう。ジャガーのＸＪＳがバチッと似合うオバサンになる日は、果たしてやって来るのだろうか？

ボディ幅190センチ弱。内輪差だけ注意すれば世田谷も意外とスイスイ。それでいて収納力は抜群。キャンプ道具や自転車など、たくさんの遊び道具を後部座席をつぶさず積める、ゆとりのビッグバディ。

2006年8月22日午前3時、常磐自動車道の某サービスエリアにて。デュランゴはこのままドック入り。ピックアップしてくれたクルマ屋の友人には、1万回土下座しても足りないぐらい……。

さらば、デュランゴ

デュランゴは、この記事を書いた半年後の夏、サーフトリップ先の東北で壊れた。左前タイヤのベアリングが逝ってしまったのだ。

旅を中断せざるを得なくなったことは本当にショックだった。でも、それ以上に目眩がするほどの大ショックを受けたのは、「右前のベアリングも壊れかけている!」と、修理に出した先のクルマ屋から指摘されたことだった。同様に後輪がイカれるのも時間の問題らしく、すべて直した場合の金額は70万円ほどかかるそうだ。

ム、ムリです。手放します!

われながら素早い決断である。こうして暑い夏とともに、デュランゴは私のもとを去っていったのだった。たった2年の短い付き合いだった。

クルマもオトコも(笑)、乗り継いでいくうちに少しずつ学習するものだ。ボルボ、SL、デュランゴと、3台乗ってようやくわかったのは、"中古とレアなクルマには手を出すな"ということ。百歩譲ってレア車に乗りたければ、必ず保証付きの新車にすること。ディーラー車なら、なおのことベストだ。"新車"とか"ディーラー車"とか、これらのキーワードは、去年なくなった親父が常々私に言っていたことである。その意味が、三十路を越えてようやくわかったよ、おとうさん。

デュランゴの後は、しばらくクルマの無い生活を送っていたが、現在は縁あってジープ・コマンダーというアメ車に乗っている。また"レア"なアメ車だ。でも今回は、とあるつながりからディーラー経由で新古車を購入した。発売から約半年しか経っていないピカピカの車両は、走行距離2400キロ。メーカー保証も2年半付いており、期間内であれば修理やオイル交換がすべて無料。車体価格はやや値が張ったが、安心して遠出できるようになった。たび重なる故障に頭を悩ませたいままでのクルマに比べたら、結果的に差し引きゼロだと思っている。

けど、やっぱりクルマは高い。税金、車検、ガソリン、月極駐車場、高速道路料金etc、東京でクルマを所有するのは、ワンルームマンションをひと部屋借りているのと同じだ……、ということに最近遅ればせながら気づいた。その贅沢な乗り物をかっこよく乗りこなすまでの道のりは、なんとも遠そうだ。

4

＊お気に入りは、道幅狭くダートが残る〝酷道〟です！

愛と冒険の3ケタ国道

［カワサキＥＲ－6ｎ］

道の上で出会うもの

最後にこのあたりを訪れたのはどれぐらい前だったか。狭く、それでいて交通量が多く、ひやりとしながらダンプカーとすれ違ったおぼえがある。

国道４１１号線は八王子から青梅《おうめ》、奥多摩を抜けて山梨へと至る、関東で暮らすライダーにとってはなじみのツーリング・コースだ。などと書くと、なんとなく混雑した道というイメージがあるけれど、平日はのどかな田舎の風景が広がっている。新芽の萌える山また山のワインディング天国。６５０ccのパラツイン・エンジンを積むカワサキが、コーナーをレスポンスよくクリアする。

久しぶりに走った４１１号線には、立派な鉄橋がいくつも架かっていた。知らぬ間に道はどんどん変わっていくのだと感慨にふけりながら、甲府盆地に向かって一息で下った。

私は道が好きだ。

単なる旅のルートとしてだけではなく、道には五感を刺激するいろいろなものが転がっているからである。

目や耳や皮膚を通して季節を感じる。浮かんでは消えていくとりとめもない空想を描きながら、ひたすらオートバイを走らせる。素敵な出会い、楽しいハプニング、美味しいご馳走。道を走って出会ったすべてのものを、私は愛おしく思う。自分のなかの白地図を塗りつぶすようにさまざまな道を丁寧にたどっていたら、日本は意外と広いことを知った。

私の好きな道

平日の奥多摩、絶景の伊豆スカイライン、地平線を追いかけて走る北海道の真っすぐな道。そういう道はもちろん気持ちいい。けど、じつのところ私が一番好きなのは、ふつうの人はまず避けて通るだろう、もしくは目にも留まらないような、細く曲がりくねった峠道だ。

道路整備が進んだ現在の日本でも、未整備な道はまだ残っている。とくに3ケタの数字が付けられた国道や県道にはそうしたものが多い。インターネットで検索してみると意外や3ケタ国道・県道の愛好家は多く、彼らはそれを〝酷道〟とか〝険道〟などとたっぷりの愛をこめて呼んでいる。

私のような悪路好きにとって、3ケタ国道は血湧き肉躍る、めくるめく世界だ。ローギアしか使えない急坂のつづら折り。連続する鋭角なヘアピンカーブやクランク。ガードレールがないその道ではひとときも気を抜けず、自分的には必死なのだけど、そのわりにスピードは出ていない。せいぜい時速30〜40キロくらいのものだ。舗装が途切れてダートになった道をおそるおそる走ったり、道の真ん中に落ちている巨石を避けたり。気分はまるで〝冒険〟なのである。最後に誰かがここを通ったのはいつだろう。苔むしたり、腐葉土が堆積している悪路を走りながら想像してしまう。

人の気配がしない代わり、キジやサルなどはしょっちゅう見かける。小豆島《しょうどしま》の東側を通る国道436号線では、道ばたでクジャクが羽を広げていた。夢か幻か。思い切って引き返すと、やはりそこにはさっきと同じ光景があった。後から聞いたのだが、島内にある孔雀園から脱走したそれが、いろんなところに出没しているそうだ。東北では、特別天然記念物のニホンカモシカがすぐ前を横切り驚いたことがある。

私の大好きな道が集まっている場所は四国だ。四国の真ん中は険しい山岳地帯で、それを越えるため

053 KAWASAKI ER-6N

2006年5月22日、奥多摩あたりを通る国道411号線にて。初夏というか夏のような「ウフフ」な日差しの下、ワインディングをひたすら走った。ツーリングは(特に奥多摩は)平日に限りますなぁ。

の酷道、険道が数多く存在する。悪路の代表格は、徳島市から高知県の中村市まで四国を横切る国道４３９号線。マニアの間では〝ヨサク〟と呼ばれている。地図で見るとたいした距離ではなさそうだが、曲がりくねっているため、じつに３４４キロもある。走破するにあたって、それそうとうの心の準備がいる道なのだ。私の場合、途中で一泊はさんで臨むようにしている。

それともうひとつ、酷道の有名どころと言えば〝イッキュウサン〟。香川県高松市から四国を縦断し、徳島県の海洋町《かいようちょう》まで続く約１６０キロの国道１９３号線。ヨサクに比べたら少し短いが、悪路好きには垂涎モノの逸道だ。

そのほかにも奄美大島の西側を通る県道79号線や、長野・新潟・富山の県境を通る県道１５５号線、東北は宮城県の国道４５７号線など、私のブックマーク・ロードは数知れずあるが、酷道と険道をつなぐのんびりした片田舎をとことこ走るのも大好きだったりする。

あんた、クリスチャン？

熊本の天草《あまくさ》を旅していたときのこと。透きとおった海に沿う国道３８９号線を、次なる悪路を探しながら南下していた。交通量は極めて少ない。押し車にもたれかかり、散歩している老人をたまに見かけた。ほのぼのとした田舎の景色。ふいと入り江の向こうを見やると、陽光に照らされてウロコみたいに光っている集落から、するどい十字架がニョキッと生えていた。

小さな港町らしからぬ異質な風景に、私は引き寄せられるようにハンドルを切った。閑散とした細い路地を横切り、天主堂の前でエンジンを止める。

「トウキョウ！」

突然後ろから聞こえてきた、すっとんきょうな声。驚いて振り返ると、干物売りの老婆が地べたにぺたんと座り、笑っている。

「あんた、東京からひとりで来たの⁉」

彼女はオートバイのナンバープレートと私の顔を交互に眺める。

「あんた、クリスチャンか?」老婆はまるで質問攻めである。潮焼けした人なつっこい笑顔になぜかホッとする。私は首を振りながら、そういうおばあちゃんこそクリスチャン?と、たずね返す。

「山をまたいだ隣町の人間だから違う」みたいなことを、彼女はものすごいなまりで答えた。

「でも、このへんに住んでる人たちは、みーんなクリスチャンだ」

天主堂からかすかに聞こえてくるパイプオルガンの音色と、小さな港町に根づいた信仰と、目の前の老婆。すべてがチグハグで、次第に変な気分になってくる。

老婆は突然、小さくちぎった干物を手にとり私に差し出した。

「うめぇぞ」彼女のしわしわの手が、自分の祖母と重なって見える。

遠慮なくいただくと、口中いっぱいにお日様の香りが広がった。

「もう少し食べるか?」勧めてくる老婆に、「でも、オートバイだから……。つまりその、買うことができないんだ。ゴメンね」と、私が言う。

「かまわんよ」老婆はしわくちゃな笑顔でそう言って、干物をもう一切れ差し出した。

ずいぶん昔、確か上高地（かみこうち）の宿だったか、神戸からやって来たカワサキ乗りの男性と夕飯を一緒に食べたことがあった。やっぱり神戸の人だからカワサキ好きなんですか？（カワサキの本社は神戸の隣の明石（あかし）と、軽い気持ちでたずねると、男性はひと言「いや、オトコやから」……（汗）。

昔から“男カワサキ”という愛称がある。確かにカワサキのオートバイは、女にはちょっと近寄りがたい“フェロモン”が漂っているものが多い。けれど今回乗ったER-6nは、実際跨ってみると軽い、スムーズ、よく止まる。それでいて肝心の“足着き”も悪くない。オートバイにとって当たり前の要素を抑えつつ、走る楽しみもしっかり味わえる650ccだった。

ER-6nで奥多摩を流していると、以前旅したイタリアの山岳地帯を思い出す。あちらの国の女性は、この手のオートバイを格好良く乗りこなしていた。もはやカワサキは硬派な男性のものだけではないのかも、などと思った初夏の奥多摩ツーリングだった。

Kawasaki
ER-6

タイ版、酷道・険道を走る

先日タイのバンコクで、友人の妹の結婚式に参加した。そのあと夜の便で北部の街、チェンマイに飛んだ。

チェンマイは山に囲まれた盆地だ。街の真ん中に旧い城や寺があり、日本でたとえると京都とか奈良のような古都である。街灯が少ないせいか、空がちゃんと夜の色をしていた。裸電球の下でのんびり商売をいとなむ露天商の夫婦。すーっと吹き抜けるさわやかな風は、あわただしいバンコクからやって来た旅人を癒してくれた。

この街にはツーリングをするために訪れた。私と同じことを考える旅行者が多いのか、旧市街のお堀沿いにはレンタバイク屋が軒をつらねている。本当ならば足つきのいいオフロードバイクを借りたかったが、修理とか出払っているとかで、125ccのホンダ・ソニックをレンタルした。タイ国内で大人気のそのオートバイは、カブをスポーティにした外見。小回りのよさはそのままで、パワフルな乗り心地が愉しめる。それに跨って、山頂に建つ寺院や、少数民族の村を訪ねた。えんえん続く山道は土がむき出しの悪路だった。でもソニックは、そんなのお構いなしにガンガン上る。水しぶきを上げて川を何度か渡ったり、崖のような急坂道を一息で下ったりした。チェンマイの山道は、ヨサク(国道439号線)をさらに激しくしたような私好みの道である。

翌日は、街の西側にそびえる連山へ向かった。山中を通る、とりわけ険しいダートにエントリーするつもりだった。が、どういうわけか入り口がどこにも見当たらない。街道沿いの茶屋で、コーヒーをすすっているひまそうな警察官たちにたずねてみたのだが、なんと彼らは地図が読めなかった。

「ここがチェンマイ。で、私たちはこのあたりにいるんだよ」

よそ者が地図を指さす。地元で生まれ育った彼らは、私の指先をじっと眺め、熱心にうなずいていた。

その後も右往左往したが、とうとうダートは見つからなかった。あきらめて引き返すとき、気になる小径を見つけた。真ん中に草が生い茂っている細道を下ると、モン族の村にたどり着いた。

チェンマイでは少数民族を訪ねるツアーが人気だ。ずっと昔、私も参加したことがあった。でも、向かった先はどれもテーマパークのようなおもむきで、子どもなど目が合うや「10バーツ、10バーツ」と、手を差し出してくる。生活を切り売りした上で彼らが生きていることは百も承知だが、それにしてもなんというか、すれっぷりにゲンナリしたものだ。

この日たまたま迷いこんだモン族の村は、観光客が立ち寄ることなどまずなさそうな山奥に、ひっそりと存在していた。石を積み重ねたゲートをくぐると、谷底をすべり降りるようにして段々畑が広がっている。軒先でおしゃべりをしていた女たちは、オートバイに跨った異国の女に気づくと一斉に話をやめた。痛いほどの視線から逃げるようにさらに進み、飲み物やお菓子を売っている小さな商店を見つけた。隣に建っているのは学校らしき建物で、そこで村の道は終わっていた。

商店で買った水は、チェンマイで売られている半分以下の値段だった。店先のベンチに腰かけ、渇いたノドをうるおす。すると、黒い生地にカラフルな刺繍の民族衣装をまとった子どもたちが、私とオートバイをわざわざ見に来ては耳元でささやき合っていた。目が合うと、くすくす微笑んで学校のなかに駆けこんでいく。

一番人なつっこい顔をしている女の子を手招きし、私が知っているかぎりのタイ語で話しかけてみた。

「写真を撮ってもいい?」そうたずねると、その女の子は10メートルほど離れた場所でモジモジしている男女の子どもを、大声で呼んだ。彼らは兄妹なのか、近所の友だちなのか、いつも一緒につるんでいるような、仲の良さそうな3人だった。

チェンマイに戻り、この日撮った写真を見てみた。女の子2人はリラックスしてにっこり笑っている。でも、男の子は表情が堅く背筋をピンと伸ばして突っ立っていた。その違いを眺めていると、思わず笑みがこぼれた。

2008年2月15日、チェンマイ近郊の村にて。学校帰りのモン族の子どもたちと記念撮影。黒い生地にとりどりの刺繍がほどこされた民族衣装を、さらりと着こなしていた。粋だね！

2005年1月24日、沖縄本島最北端の辺戸（へど）岬にて。1月ですよ？ 夕方ですよ？ それなのにこの薄着！ などと、沖縄に着いた当日は暖かな気候にはしゃぐけど、翌日には身体が慣れる。寒い！ とか言って、東京から持ってきたダウンを羽織っている。あれって不思議だよねぇ。

国井律子の**オートバイでディスカバー・ジャパン！**

青い空と海のあいだで、わたしの三線はおばあの音色を奏でた。

沖縄編

3万円の赤い三線

　数年前、この島をオートバイで旅したときに三線《さんしん》を手に入れた。胴にヘビの革を張った棹《さお》の短い、沖縄独特の三味線のことだ。島では一家に一台と言われているほどポピュラーなもので「テン、テン」と乾いた音色が耳に気持ちいい。

　私の三線は那覇のど真ん中、国際通りに面した観光客向けの楽器屋で買ったものだ。あまり見かけない、渋みのある赤い棹が気に入った。値段はたしか3万円くらいだったと思う。北風がびゅーびゅー吹きすさぶ東京のわが家に戻り、さっそくつま弾いてみると、その美妙な音は部屋を一気に沖縄色に染めた。目をつむれば南風がそよぎ、エメラルドグリーンの凪いだ水平線が浮かんでくる。さらに泡盛があったら間違いなく体感温度は10℃増。つくづく沖縄文化の「巻きこまれる」ような影響力はすごいなぁと思う。

真っ赤なビューエル

「沖縄の短い冬がもうすぐ終わろうとしています……」

　昼ご飯に立ち寄った那覇の食堂で、ラジオからふと聞こえてきたその言葉に、向かいでゴーヤチャンプルを頬張っている編集長、カメラマンの岡村さん、そして私の3人は思わず目を合わせて笑ってしまった。今朝、大寒の東京からやって来た私たちにとって、暖かな日差しにうっすらと汗がにじむ沖縄は、冬どころかまるで初夏のように感じられたからだ。

　しかし、今回が初めての沖縄だという岡村さんは、空港からここに来るまでのあいだ何度も、「まだ沖縄にいる気がしないんだよなぁ」と、首をかしげていた。

　その気持ちはよくわかる。思えば初めてこの島に降り立ったとき、〝琉球〟というどこかエキゾチックな響きに、東南アジアの離島にでも行くかのようなイメージを抱いていた私だった。ところが道路上には見慣れた標識や看板、街道沿いで見かけるモスバーガーやＴＳＵＴＡＹＡ。東京で見るのとなんら変わらない景色に、「なんだここ、日本じゃん」と、拍子抜けしてしまった記憶がある。もちろんここは日本なのだけど……。

　しかし「沖縄」は突然やって来る。垣根からこぼれるあざやかな花、色あせた建物の隙間から覗く真っ青な空、裏路地からふっと聞こえてくる三線の音色、屋根の上にちょこんと座るかわいらしいシーサー。思いがけずそんな風景に出くわしたとき、この島にみちびいてくれた何かに対して感謝したい気持ちになった。そしていつの間にか私は、沖縄のトリコになっていた。


　腹ごしらえをした私たちは、那覇から国道58号線を北に進んだ宜野湾《ぎのわん》にある「ハーレーダビッドソン沖縄」へと向かった。

　ここに今回の旅の相棒となる、真っ赤なビューエル・ライトニングＸＢ12Ｓが待っているのだ。前後がギュッと詰まったコンパクトな車体。１２００ccＶツインを積んだそのマッチョなオートバイは、跨ってみると意外に足つきは悪くない……と思ったら、じつはコンパスが短い私向けに、ショップの方がローシートにチェンジしておいてくれたのだ。

　少し心配そうな顔で見送ってくれる店長のＮさんに手を振って、再び国道58号線を北上する。

　ビューエルに乗るのは初めてではない。歳の離れた兄が所有する、99年モデルのＸ１をちょこちょこ借りていたからだ。

　とはいえそれは、私のハーレーダビッドソン・スポーツスターと同じエヴォエンジンの最終形。直進安定性はいいが、タイトな峠などでは少々ギクシャクした。「もっとアクセルを開けろ！」と、マシンに尻を叩かれているような気持ちになるのだ。そんなジャジャ馬も愛嬌があって悪くないけど、このライトニングＸＢ12Ｓはすべてがスムーズだ。

　街のなかをゆっくり流す。高速道路の合流ではガバッとスロットルを開ける。どんな状況でも、豊かなトルクが車体をぐいぐい前に進めてくれた。エンジンの力強さに対してハンドリングは軽快で、車体をひらひら傾けながらコーナーを気持ちよく抜ける。

　ビューエルの軽やかな身のこなしの秘密は重心の低さにある。通常のフューエルタンクの場所にあるのは、じつはエアクリーナーカバーで、本当のタンクはアルミ製のメインフレームに内蔵されているのだ。そしてオイルタンクはスイングアームの内側。いずれも重量物を車体の中心に集め、低重心化

するためのカラクリである。ついでにいえば、いかにもオートバイに乗っているような気分にひたれる、前屈みのポジションもいい。あくまで私が慣れ親しんでいるスポーツスターと比べて、だけど。

名護《なご》の街をスキップし、国道58号線を海に沿ってひたすら北上する。やがて沖縄本島の北端、辺戸《へど》岬に到着した。

左に逆光を受けた東シナ海、右にさざめく太平洋を望む岬の突端で、「気持ちいいなぁ。やっと沖縄に来たって感じがしてきた」と、ようやく吹っ切れた顔でカメラマンの岡村さんが笑う。はるか彼方には与論島《よろんとう》がうっすらと浮かんでいる。これほど近くに太陽を感じるのは久しぶりだ。東京での凍てつく日々が、南風に運ばれて消えていくような気がした。

辺戸岬から少し南下した奥間《おくま》の宿にライトニングを置き、近くの町まで夕飯を食べに行った。そこは本当に小さな集落で、食べ物屋が数えるほどしかない。人もクルマも通らない、静まりかえった往来。ガラス張りのそろばん塾だけが、闇夜に煌々と浮かび上がっていた。蛍光灯の下では昔懐かしい木の椅子に座った子どもたちが、一生懸命そろばんを弾いている。

当てずっぽうで選んだ居酒屋の暖簾をくぐると、入り口を挟んだ2つの座敷は、まるでこの町の住人をすべてかき集めたように客がぎっしり入っていた。沸き上がる歓声。沖縄なまりが飛び交う空間にホッとする。地元に愛された庶民の酒場。私たちはオリオンビールで、沖縄の夜に乾杯した。

ウチナンチューのたしなみ

翌朝も澄んだ青空が広がっていた。今日は東京のツレに紹介してもらった沖縄の友だちの、そのまた友だちのお父さんが営んでいる三線屋を訪ねる予定になっている。つまり知り合いの、

2005年1月25日、沖縄自動車道を名護（なご）を目指して走っている。沖縄2日目である。暖かな気候に麻痺し、だんだん厚着になってきた。といってもこの服装で、冬の本州は走れないけどね。

知り合いの、知り合い。まるで伝言ゲームのような細い糸をたどるのだ。

　国際通りからほど近い場所に、その三線屋はあった。店内には三線のほか、琴や太鼓が所狭しと陳列されている。

「あの、東京から来た……」と、おっかなびっくり告げると、奥の部屋から店主と思われる男性がひょいと顔を出し、「はいさい、よう来た。話は聞いちょんどー」と、いかにもウチナンチュー（沖縄人）らしい気さくな笑顔で出迎えてくれた。

　彼は三線屋「またよし」のご主人、又吉俊夫さん。彼の父上は文化功労賞を受賞した、三線界ではとても有名な方だという。息子である又吉さんは18のころ、父上の頼もしい片腕となったそうだ。

「親父は弾くのが好きだったけど、自分は作る方が性に合ってる。生粋の職人体質なんだね。あと、この商売は家族みんなでできるのがいい」と言う。

　又吉さんのふたりの息子さんは、同じ建物の3階にある工房で、日々三線作りに打ちこんでいる。工房を見せてもらうと、カンナやヤスリや角ノミや、たくさんの工具に囲まれた息子さんたちが黙々と作業をしていた。棹に使用する木は北部に広がる原生林、山原《やんばる》産の堅い角材を20年間寝かせたもの。胴に張るヘビ革はベトナム産のニシキヘビだそうだ。

「木は親の代からじゅうぶんストックがあるから心配ないけど、革が心配でねぇ。ワシントン条約？　最近また厳しくなったから」

　店に立てかけられたたくさんの三線。棹が長いのや短いのや、値段も4万円ほどから50万円を超すものといろいろだ。

「三線は棹の長さで音が変わる。女性なら軽い音、男性なら強い音、おじい（おじいさん）ならやさしい音。お客さんと相談しながら選んでいく。セミオーダーみたいなもんだね」

　かつて三線はその家の豊かさを表していた。つまりそれほど高価なもので、もしお金に困った場合はまず不動産を売り、次に墓を売り、最後に家伝の三線を売ったそうだ。床の間には、日本刀を飾る代わりに三線を収めていたという。武器を持たず、やさしさを誇りにし、平和を好む沖縄文化を象徴しているエピソードだ。

「いまでは（三線は）ギター感覚。小さな子どもでも弾けるよ」と、又吉さんが幼児用のかわいらしいそれを見せてくれた。現在、三線は沖縄に10万丁あるという。ということは3軒に1軒。「ウチナンチューにとって大事なたしなみのひとつ」なのだそうだ。

　いよいよ私の三線を又吉さんに見ていただく……が、不安だ。だって、国際通りの観光客向けの店で買ったものだし、「こりゃひどいね」なんてダメ出しをされたら……と、ひとしきり見分を終えた又吉さんが私を見ながらニコニコ笑っている。

「いちおう、本物。でも……ウチナ

ー（沖縄）の安いヤツだね」

又吉さんいわく、ひとりの職人が一年に作れる数は百丁ほど。でも最近の沖縄ブームで生産が間に合わないため、海外で安く作っている〝偽物〟が数多く出回っているらしい。

「それとこの三線の音は、クニイさんにはまだ早いかな」

又吉さんが店にあったほかの三線をつま弾くと、ピンという張りのある音がした。それに比べると私のは、ちょっとたるんだ感じのポヨンとした音色がする。

「これはねぇ、おじいやおばあが弾くのにちょうどいい三線」

その話をそばで聞いていたカメラマンの岡村さんは、私の三線を指さして「オレ、こっちの音色の方が好き」と、言う。お店にたまたま来ていた男性のお客さんも「いい音だと思うよ。どう？ボクのと交換するかい？」なんて冗談めかして言う。

「人それぞれ好みがあるからね。でも、別に粗悪品じゃない。値段相応の品物だと思うよ」

はぁ、よかった。又吉さんの言葉に私は胸をなで下ろした。

又吉さんと二人で『花』（喜納昌吉）を弾いた。私はメロディーを、又吉さんはメロディの端々にアレンジを加えていく。

「顔が真剣すぎるよ、リラックス！」と岡村さんにからかわれたけど、私はこのセッションをとても楽しんでいた。指の運びや細かいコツなどをやさしく教えてもらい、又吉さんの演奏に引っ張られて、短時間でずいぶん上達したような気がした。

「三線は弾くだけじゃなくて唄ってナンボ。それとアレンジ。さっきボクが入れていた〝合いの手〟ね。メロディーにそれを組み合わせることで、ずいぶん上手に聞こえるから。最後に歌を合わせればカンペキ。着物を羽織るように音色と声を合わせていくんだ」

なるほど。でも、そこまで到達するのに、いったいどのくらいかかるのだろう。私の不安を察してか、「そのうち上手になるよぉ。あせらんでね」と、又吉さんはのんびりとした口調で言うのだった。

沖縄の女の子は情が深いんさぁ

那覇に泊まったその晩は、ハーレーダビッドソン沖縄のスタッフと国際通りで呑んだ。私たちの向かいに座った彼ら（ひとり女性もいたが）はみんな、がっちりした骨格と、毛深い腕、びっくりするほど太い眉毛をしている。

「この眉、マクドナルドのマークっぽいって言われてるさぁ」と言って笑う。

プロゴルファーの宮里藍ちゃんもそうだけど、沖縄の人の顔はどことなくシーサーに似ている。そしてうわさ通りの豪快な呑みっぷり。顔色をまったく変えず、泡盛を水のようにぐいぐいと呑む。

沖縄料理をつまみながら、いろんな

ソーキそば
やんばるくいな
HARLEY-DAVIDS

ZONE
MUSIC
LIVE
HOUSE

話をした。たとえば子どものころから三線を弾いていたとかいないとか。東京は駐車場代が高すぎるとか。宴たけなわになったころ、「彼女が迎えに来たから帰りますわ」と、店長のNさんが席を立った。

「アツいねー」と東京組がからかっていると、「いや、沖縄ではふつうさぁ」と彼らは言う。

「ウチナーの女の子はね、付き合ったら絶対〝結婚〟なの。情が深いんさ。すごく尽くしてくれるし。でも、たまに怖いよぉ（笑）。沖縄は離婚率が高いって言われてるけど、それは女の人がしっかりしてるぶん、男がダメになるからさぁ」

などと、沖縄と東京の文化比較論は夜更けまで続いたのだった。

明け方まで降り続いた強い雨は、翌朝には止んでいた。この旅最後となる3日目は、島の南部をライトニングでのんびり流した。

昼ご飯は、思わず「とんぷうだいら」と読んでしまった、東風平《こちんだ》という所にある食堂で沖縄そばを食べた。古民家に手を加えたその店は、なかに入ると座敷とバーカウンターがあるモダンな作りで、まるで森のなかにある隠れ家のようなおもむきだった。

人々がひっきりなしにやって来る人気店。そのつど若いマスターが「またゆっくり遊びに来てくださいねぇ」と、笑顔で送り出している。

昼どきのピークを少しはずしたので、私たちが食べ終わるころにはいくぶん店も落ち着きはじめていた。一段落ついてホッとした顔のマスターに「沖縄の方なんですか?」と、たずねると「そうですよ。けど、東京でも5年間、サラリーマンやってたんです」と、コップを拭きながら答えてくれた。やっぱりな、と思う。

「東京の生活もよかったけど、なんといっても島は最高ですよ。大切な人たちがいるし、冬でもこんなに暖かいですしね」

一度島の外に出て、また戻ってきた人は、故郷のよさを十分理解している。食堂の造りやたたずまい。心から沖縄を愛しているという雰囲気が、マスター自身からにじみ出ていた。

店を出て、ふたたびライトニングに跨る。なにかの気配を感じてふっと空を見上げると、旅客機がすぐ近くを飛んでいくのが見えた。

こんなに小さな島なのに、まるで磁石に吸い寄せられるようにたくさんの人々がやって来る。帰りの機内では、みんな少しさみしい気持ちになって、まるで故郷を愛おしく思うかのように窓の外を眺め、そして自分の生活に戻って行くのだ。

2泊3日の短い旅もそろそろおしまいだ。今度はいつ来ようかな。そのときには、まともに三線を弾けるようになっていよう。そして、もっとたくさんの沖縄の風景、人々と出会おう。私はそう思った。

2005年1月25日、国際通りの呑み屋にて。右側の男性が、私のツレのツレ。この旅でお世話してくださった玉那覇（たまなは）ちゃんだ。なぜか呑み屋で岡村カメラマンとアームレスリングをしていますが……。

沖縄×東京の文化比較論

この旅で心に残っていることといえば、2日目の晩、ハーレーダビッドソン沖縄のスタッフさんたちと呑んだ濃ゆ〜い時間である。

エッセイのなかにも出てきた"沖縄×東京の文化比較論"。その話題の核は、やはり男女にまつわる事柄だった。などと書くといやらしく聞こえるが（笑）、店長のNさんに突然呼び出され、居酒屋まで迎えに来たウチナー（沖縄人）の彼女。アツいだの、ヒューだのとはやし立てている私に、「ていうかクニイさんは迎えに行かないの?」と、沖縄組に切り替えされた。

正直に言おう。私はこれまで一度も、呑んでいるカレを迎えに行ったことはない。東京には電車やバスや帰宅手段はいくらでもあるし、終電に間に合わなくてもタクシーがある。だいいち「迎えに来て」と突然言われても、その時間たいてい私も呑んでいる。

そういえば、私の周りでもカレを迎えに行く子っていないかも……みたいなことを、しどろもどろに答えていると、沖縄組は「へぇ、クニイさん、冷たいんだぁ!」と、ひどく茶化してくる。

冷たくなんかないよ。迎えには行かないが、カレがいたらごはんくらい（たまに）作る。洗濯だってする。アイロンがけ？ こう見えてけっこう得意なんだよね！

いよいよ窮地に追いこまれた。あたりを見渡す。沖縄組は「そんなの当たり前!」とでも言いたげな様子でニヤニヤしている。

「……まぁ、沖縄と東京はいろいろ違うから」

編集長が助け船を出してくれたが、どう考えてもウチナー女子の勝ちである。だって、いつかかってくるかわからないカレからの酔っぱらい電話。私ならきっと待ちきれなくて、「一杯だけ」とビールをプシュッと開ける。気づいたら"一杯"が"いっぱい"に。テレビの前でうたた寝。これまた気づいたら朝を迎えているのがオチだろう。つくづくダメな女だ。

東京で暮らすみなさんはどう？ 迎えに行っている?

2005年5月23日、伊豆大島の波浮港(はぶみなと)にて。この商店のおかあさんは都内出身。50年前に海を渡り、この島に嫁いだという。私が世田谷に住んでいることを言うと、懐かしそうに目を輝かせた。

KIRIN BEER
キリンビール
キリン
びん生
riderove
riderove
KIRIN

国井律子の**オートバイでディスカバー・ジャパン!**

いちばん旧い〝トモダチ〟と、椿とアシタバの島へ行く。

伊豆大島編

さて質問。前のページで私と一緒に写っている男性は誰でしょう?

①彼氏
②旦那さま
③幼なじみ

①を選んだ方。「ブー!」。なぜなら私の好みはスレンダー、そして目鼻立ちクールな瓜実顔《うりざね》。そういう殿方を千載一遇の思いで待っていたら、何も起こらないまま三十路を超えてしまった。だから②も「ブッブー!」。正解は③の〝幼なじみ〟でした。

7歳違いの兄

何を隠そうわれわれは、兄妹である。物心着いたころから人生を共にした7歳違いの彼とは、いうならば〝一番旧い幼なじみ〟だ。彼が痩せていたとき(10年くらい前)は、周りから「そっくりネ。特に目元!」なんて言われたものだけど、いつしか体重差は倍になり、恥をしのんで言うならば偏差値も彼の方が2倍近く高い。現在、できのいい兄は学習塾の先生をしている。

体脂肪と脳ミソの量は比例するのかしら? などという憎まれ口はさておいて、大昔、幼い私は「お兄ちゃん、お兄ちゃん」とくっついてまわった。妹を面倒くさがった彼は、「オレにだって友だちとの付き合いがあるんだよ!」などと、えらそうなことを言った。また、私が中学に上がったくらいだったか、兄は「もっと勉強しろ」だの、「いまの電話(男)、誰だよ?」だの、あたかも父親のように口うるさくした。

でも、私の高校卒業を機に、ぼろアパートを借りて数年間一緒に暮らす。お互い成長したのか(特に私が)、かつてのようないざこざはなくなり、毎週末のように山に登ったり、釣りをしたり、近所を呑み歩いたりする最高の遊び友だちになった。ちょうどそのころ、私はクルマの免許取得にいそしんでいた最中だった。〝仮免許取得中〟と、マジックで書いた段ボールの切れはしを兄のクルマに貼りつけて、週末のたびに彼をドライブに付き合わせた（免許歴3年以上のドライバーが同乗すれば、公道の運転がOK）。付き合いがいい彼のおかげで、本免を取得する前に1000キロ以上ハンドルを握った思い出は、二人のちょっとした語り草になっている。

　私たちの共通の趣味にオートバイがある。よきバイク仲間でもある彼とは、たまにツーリングに出かける。去年は北海道の宗谷《そうや》岬で落ち合ったのだが、兄妹とはいえ日本最北端の地で再会する感動はひとしお。稚内《わっかない》の場末の鮨屋で乾杯し、次の夏は海を越えた外国、樺太《からふと》の地を走ろうじゃないかと約束した。けれど、いかんせん私はフリーターに毛が生えた職業である。翌年の予定などさっぱり見えず、案の定、夏が近づいてくるころには、大変ありがたいことに仕事が立て続けに入り、樺太行きを断念せざるを得なくなった。

　でも、せっかくだからどこかへ行きたい。そんなことを近所の呑み屋で顔を付き合わせて相談していると、ずいぶん近くにすてきな場所を発見した。樺太にはおよばないが、一応本州から海を隔てた向こう側。山あり海あり、峠だってあるらしい。しかも24時間以内に都内に戻ることも可能で、せわしない旅人に愛の手を差しのべてくれるその島には、アシタバ、椿（ちょっとシーズンは違うけど）、珍味〝くさや〟に、品川ナンバー。そういえばダンサーだっているらしい（川端康成著『伊豆の踊子』の舞台）。そしてなにより、250ccまでのオートバイなら運ぶこともできる。何とも気が利いているではないか。

50ccが似合う島

　というわけで私たちは東京都の離島、伊豆諸島のなかで一番近く、もっとも大きい大島を目指すことにした。

　クーラーボックスや竿やらを抱えている釣り客にまぎれて、日が暮れた竹芝《たけしば》桟橋から夜行船に乗りこむ。余談だが、「おまえさんよりモノを知っていないと気がすまない」と、のたまう研究熱心な兄は、この旅に出かける一週間前、ひとりで下見に出かけた。もちろん実話である。美味しい郷土料理の店やビューポイントが満載の、すばらしい写真入りの資料まで作成し、そのまじめな姿勢たるや、妹の私が言うのもアレだが、同じ血が流れているとはとても思えない。

　さて、出航。荷物を二段ベッドにぶちこみ（お腹がつかえそうだから、少しでも広い方がいい！と、主張する兄に下段をゆずった）、ダッシュで食

大島 三原山
大島町

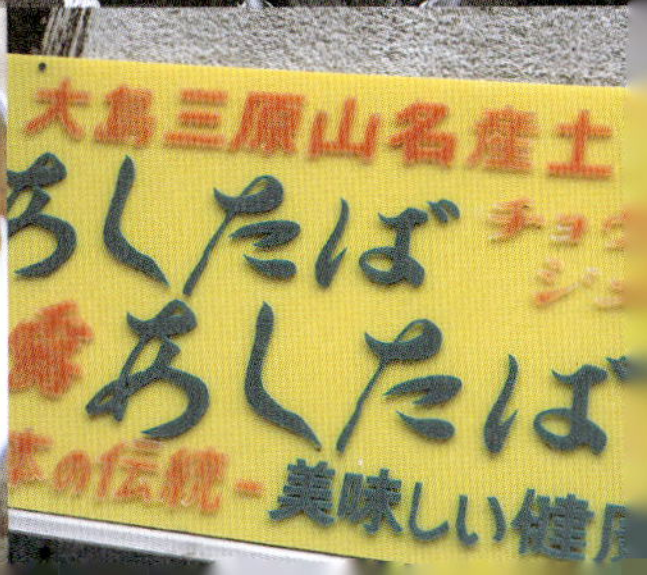
大島三原山名産土
あしたば
あしたば
美味しい健

堂の窓際席を陣取る。ビール片手に海の上から眺める東京湾の夜景はなかなかのもので、わーい汐留《しおどめ》。あれって羽田空港？ お、横浜だね！ などと浮かれているも、みなとみらいの大観覧車あたりから景色が変わらないことに気がついた。杯を重ねたアルコールで、すでにできあがりつつある兄にたずねてみれば「この船、本気出せば4時間足らずで（大島に）着くんだよ」と、さらりと答える。考えてみればそうだ。伊豆半島から約30㎞。肉眼で見える距離なのに、運行時間が8時間もかかるなんておかしい。

「でも、いまから島に着いたって、店も宿もどこも開いてない。おだやかな東京湾で時間をやりすごして、夜が明けるのを見計らってから大島に向かうんだ」兄はワンカップをあおり、そう付け足した。

大島の岡田港に到着したのは早朝6時。残念ながら島のランドマーク、三原山の全容は望めなかったが、雲の隙間から注ぐ日差しは強い。さわやかな潮風、木々の新緑がなんとすがすがしいことか。でも、港に停まっている軽トラはすべて見慣れた品川ナンバーで、クレーンに吊られたコンテナがガタンと港に下ろされると、たくさんの荷物に混ざって2台のオートバイが出てきた。

跳ね上がったテールに紫色のカラーリングという、やんちゃなスズキGS50は兄が乗る。私のマシンは、250ccのオフロードバイクが、そのままギュッと縮まったようなホンダのXR50モタードだ。両方とも50ccなのだけど、「おまえさんが乗ると、250ccに見える」と、兄がにやにやしながら言う。

「そういうお兄さんこそ、サーカスのクマみたい」と、私も言い返す。そのようなことをののしり合いながら兄のナビゲートのもと島を回ったのだが、この旅に50ccを選んでよかった。なぜなら、島をぐるりと巡る一周道路はところどころ道幅が狭く、おまけにタイトなコーナーが続出するからだ。小さな車体が本領を発揮するのは、たびたび出くわす魅力的な小径《こみち》。冒険心のおもむくまま本道をひょいとそれてみれば、それらは木々が鬱蒼と茂った林道だったり、スリルあふれる急勾配のダート、誰もいない美しいビーチにつながっていたりした。たとえ行き止まりにぶち当たっても、ほいさほいさと車体を切り返し、自転車感覚でUターンができるのも、このサイズならではの利点だ。

バームクーヘンがドーナッツ？

朝飯をほおばった元町《もとまち》の食堂では、「タンシャで来たなら、〝ドーナッツ〟に行ってくれればいいよ」と、店主がにこやかに提案してくれた。一瞬何のことかと思っていたら、幾重にも重なる地層が波打つようにうねった、通称「バームクーヘン」と呼ばれる名所のことらしい。

（ちょっと、ドーナッツだって！　聞いた⁉）と、店主の目を盗んでは二人で忍び笑った。いずれにしても甘ったるいネーミングのそこへ行ってみると、見上げるほどの高さのそれがはるか向こうまで続いている。縞のひとつひとつは大島が何百回と大噴火を繰り返してきたあかしで、「一生かかってもこんなに食べれまへんヨ」と、兄が笑う。

　さらに圧巻だった景色といえば、島の東側に広がる〝裏砂漠〟だ。三原山の溶岩や火山灰が積もった、見渡すかぎり真っ黒な大地に、「お兄さぁん、何だよこれ⁉」。すぐ後ろでトコトコ走りながら大声でたずねる私に、「だから言ったろぉ？　大島はスゲェんだってばぁ！」。まるで自慢の庭をご披露するかのごとく、兄は叫び返す。太陽を吸収した黒いツブツブはほんのり温かくて、というか東京、街もすごいけど、こんな自然もあるなんて。いいもの持っているなぁと、裏砂漠をバイクで駆け抜けながらまじめに感心したのだった。

　島の最南端、狭い石畳の路地に旧い家屋が軒をつらねる波浮港《はぶみなと》。その港町で立ち寄った商店のおばちゃんには、「小さいわねぇ！」と驚かれた。

「そうなんです、これ、50ccですから」と、兄がすかさず答えると、「そうじゃなくて、あなたの身体に対してバイクが小さいっていうのよ！」と、彼女は大笑いしている。

　その後、三原山の火口を目指す上り坂ではヘビー級の兄をうんと引き離し、一方、重みにまかせた紫色が弾丸のごとく近づいてくる下りでは、アクセルを思いきりひねった。とはいっても、所詮50cc。私のつたないライディングテクニックでもスペックを持てあますことなく、タイトで急な島の道と遊べるのだ。いい歳をした兄妹、一本道を抜きつ抜かれつ。なんだかかつて、二人で自転車に跨りしょっちゅう遠出したあのころみたいな、甘酸っぱい記憶がよみがえった。

母からの伝言

　かくして島を一周し、たくさん横道にもそれ、昼食は兄一押しの島料理、白身魚を唐辛子醤油に漬けこんだ〝べっこう〟や、ムロアジのすり身をさつま揚げふうにした〝たたき揚げ〟に舌鼓を打った。もうちょっとゆっくり、せめて一泊くらいしていきたいところだが、時間のない旅人は午後3時前のフェリーで東京、いや、ここも東京か、都内のわが家に戻らなければいけない。わたくし事で恐縮だが、3日後にひかえたイタリア・ロケまでに、書くべき原稿が山ほどあるのだ。

　のんびりした島の時間を惜しみつつも、再びオートバイをコンテナに積み終えると、兄はふらっとどこかへ行ってしまった。勉強熱心な彼のことだ。きっと新しい研究材料を探しに行ったのだろう。すると、ほどなく戻ってきた彼の両手にはたくさんのビニール袋

riderove
riderove

このたびの私たちの衣裳は、国井プロデュース「ライドローブ」。いくつかアイテムを持って行ったなか、編集長とカメラマン、満場一致で色違いのTシャツとキャップに決まった！「コントラストが変でいい」そうだ。

がぶらさがっている。

「夕べ、この旅のことを母さんに話したんだ」と、照れくさそうに彼は口を開く。

「そうしたら母さん、『大島に行くならば』って、目を輝かせてお金を渡してきた。〝くさや〟を買ってこいってさ」

これを読んでいる皆さん、〝くさや〟を知っているだろうか。私はその食べ物があまり好きではないのだけど、読んで字のごとく、とにかくくさい魚の干物だ。強烈な匂い、食べた後はなぜかノドがすーすーする珍味で、わが母は昔からそれが大好物なのである。晩酌の時間になると、家中に独特な匂いをまき散らしながら網焼きし、ご近所さんから苦情が来たほどのフリークだった。

「〝お金なんていいよ、ちゃんと買ってくるから〟、って言ったんだ」兄は続ける。

「でも母さん、〝もし、お金渡して買ってこなかったら、文句の言いようもあるじゃない〟って……」

ということは、〝絶対買ってこい〟ってことだね？

「そういうことだ」

竹芝行きの船が港にゆっくりはいってきた。都内に戻る釣り客のクーラーボックスはこころなしか重たそうで、桟橋を照りつける太陽は高い。母への土産を大事そうにバッグのなかへしまった兄は「荷物が臭くなりそうだ」と言いながら、まるい顔で笑っている。

クニイの後記

兄妹は一日にしてならず

この旅の模様がMOTO NAVIに掲載されるまで、わが兄は雑誌にはむろん、私のブログにもいっさい顔を出さなかった。はじめて公の場に姿を現し、皆さんからたくさんのお便りをいただいた。「全然似ていないですね！」というものが多いなか（笑）、「妹とこんなふうに遊んだりしたことがないから、うらやましい」とか、「兄妹っていいものですね〜。うちも……（略）」とか、読者の方たちが自分の兄妹（姉弟）に当てはめたメッセージもたくさん寄せられた。

私んところの兄妹、いまはたしかに仲がいいと思います。でもね、ここに至るまでが大変だった。それを象徴するエピソードをひとつ……。

＊

私が好き勝手に運営しているブログや以前出版された拙書などに、「リツコング」というタイトルがついている。読者の方に「新種のゴリラ？」などと、たびたびたずねられるので説明しておこう。

それは単刀直入に言うと、私の小さいころのあだ名である。さかのぼること30年近く前、近所に女の子が住んでいなかったこともあり、兄や彼の友人と遊んでいた。いまでこそ幼い妹を世話してくれた兄には、感謝し尽くせない。けれど当時の彼は友だちの手前、私を鬱陶しがることも多々あった。

ある日曜の朝、おつかいから戻ると、玄関先で釣り竿を持った兄に出くわした。彼の顔はあきらかにあせっていた。「やばい、見られた」みたいな表情。そんなことはおかまいなしに、「ボク（小学校に上がるまで、私は自分のことをそう呼んでいた）も行く」と、私は言った。

「ダメ。今日は友だちがいっぱい来るの。おまえがいたら足手まといだ」と、兄。

「絶対行く！」こっちも必死だ。置いてけぼりを食ったら、せっかくの休日をひとりですごすはめになる。

困惑顔で天井をにらむ彼。ふっとひらめいたようにこう言った。

「じゃぁ、3分逆立ちできたらいいぜ」

弟や妹の面倒を見なければいけない上の子は大変だ。はたまた下の子の苦労も並々ではない。王さまのようにふんぞり返る兄や姉に、絶対服従しなければいけないからだ。彼らの理不尽な命令に従い、ときに涙を飲み、恐怖のカウントダウンが始まったら、条件反射でご主人さまご所望のブツを馳せ参じなければならないのが下の子の宿命なのである。幼いころの年齢差は残酷なのだ。

で、兄の言いつけどおり、私は逆立ちをした。身体中の血液が頭に集まり、視界にはチカチカと星が飛んでいる。でも大丈夫。逆立ちさえすれば、休日をひとりですごす必要がなくなるのだ。

ところがである。妙に静まり返ったあたりを見渡すと……、いない！　やられた!!　ついさっきまで腕組みをし、えらそうに突っ立っていた兄は、私を置いて出かけてしまったのだ。

とにかく腹が立った。というか自分がかわいそうになった。生を受けて数年ぽっちしか経っていない私の、初めて人間不信に陥った瞬間だった。自分を邪険にした、ずるがしこいご主人さま。そんな彼にいままで従っていただなんて、愚の骨頂。や〜めた。やめた。これからはひとりで生きます〜、っと。

しかし、事件は数日後に起きた。逆立ち3分指令と同じようなシチュエーションで、兄が再び命じてきたのである。

「100回腕立てしたらつれてってやる」

その言葉を聞いた瞬間、これまでの哀れな記憶が津波のように押し寄せた。もう我慢の限界。カッとした私は、兄が一番大切にしていた戦艦大和のプラモデルをわしづかみ、床に叩きつけたのである。畳の上に散らばるバラバラに壊れた船体。青ざめ、その場に立ちすくむ兄。同時に私の頭をよぎったのは、ふたりで近所の模型屋に行った日のことだった。カバンからお年玉袋を嬉しそうに取り出した兄の顔。それらがぐるぐるとループし、私は後ろめたい気持ちに変わった。

しばらく経ったある日、兄の友人と街ですれ違う。

「あ、リツコングだ！」彼らはこちらを指さしてケラケラ笑っている。意味がわからず首をかしげている私に、「だってクニイ（兄）のプラモデル、壊したんだろ？ 鼻の穴ふくらませて床に叩きつける姿が、『キングコング』そっくりだったって！」友人のひとりが笑いをこらえながら言う。

「………」

その日を境に私のあだ名はリツコングになってしまったのだ……。

＊

現在に至るまで私たちはお互い、喜怒哀楽をたくさん乗り越えて、いまの関係に落ち着いた。兄妹は一日にしてならず、というわけでした。

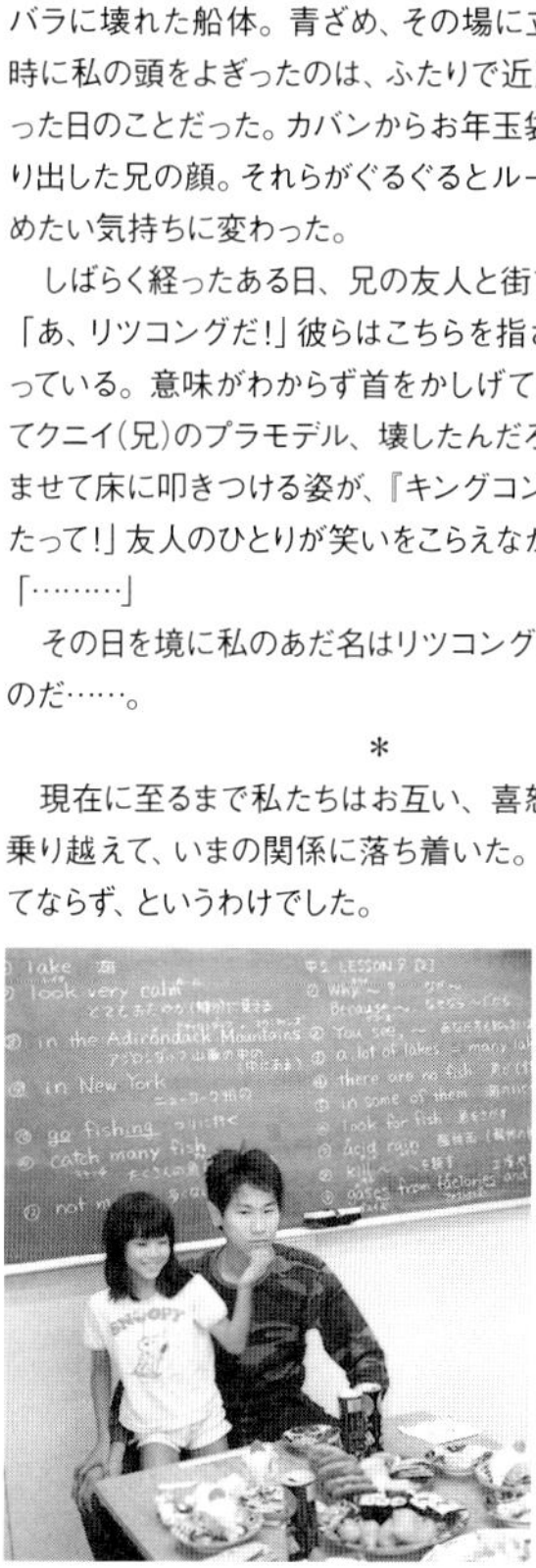

さて質問。このふたりは誰でしょう……。って、冒頭から質問ばかりですね。何を隠そう1984年、いまから24年前の国井兄妹だ。私の誕生会を実家（学習塾）で開いたときの写真。時間って残酷。いろんな意味で。いやいやいや……。

*フェイバリットフード〝鮨〟

バイクの旅なら、スシ食いねェ!

[トライアンフ・スクランブラー]

5

シアワセの鮨

子どもの頃、誕生日や受験に合格するなど、めでたいことがあると必ず家族で鮨を食べに行った。「今日だけは好きなもん食っていいぞ。トロでもウニでも、なーんでもだ!」そう言う親父の顔も嬉しそうだった。

昔から食い意地が張っていた兄は、第一志望の中学に受かったその晩、ガラスケースに陳列されているネタを右から左へ2往復したらしい。当時幼かった私は記憶にないが、兄の豪快な食べっぷりにあわてた母親は、お金を取りに家まで走ったそうだ。

〝鮨=めでたい〟という方程式がすりこまれているから、おとなになったいまでも私は鮨が大好きだ。

などと目をキラキラさせていると、「ずいぶんリッチですねぇ」と、言われることがたまにある。でも、値が張るのは大都市にかぎっての話だ。旅先で食べるそれは、おそらく東京の半分以下の値段である。

オートバイで日本中をあちこち旅するようになってからは、鮨を食べる機会がうんと増えた。

「今朝、そこの港で揚がったばかりなんですよ」と、カウンター越しにネタの説明をする旦那の声をBGMに、遠くまで来たかいがあったなぁ、日本の旅はこれだからやめられないなぁ……と、目を細めながら舌鼓を打つ。ついでにいえば鮨は回っていない方がいい。席は絶対カウンターである。旦那が身を乗り出して、素手でホイっと差し出してくれる、あの温かみのあるやりとりが好きなのだ。

2006年3月27日、三浦半島の葉山（はやま）にて。透きとおった青空だった。昼が近づくにつれて気温がグングン上がり、まさにツーリング日より。空が青いだけで、どうしてこんなに気持ちが上がるんだろう。

トロを目指して三崎へ

鮨に使う食材は、米、わさび、魚貝、そして醤油。海苔を使った巻き鮨などあるにせよ、そのシンプルなスタイルは全国共通だ。ということは、使うネタにその地域の特性が色濃く表れる。

たとえば東京の場合、手間がかかった職人技で、〝旬〟や〝粋〟を大切にしている（高くてめったに行けないけど）。

北海道は素材勝負だ。どーんとウニ・カニ・エビ・イクラ！

富山の鮨ネタは昆布締めしてあることが多い。昆布が採れないこの県では、かつて大阪と北海道との交易を結んだ航路によって、その文化ができあがったという。はっきりした理由はわからないけど、富山で鮨をいただいた晩は、妙にノドが乾くのも特徴。

ところ変わって関西圏は、押し鮨や巻き鮨がメジャー。以前、和歌山で「何、巻きまひょか？」と聞かれたときはびっくりした。西と東の決定的な違いといえば、醤油である。小皿にそそいだ醤油を小指でなめてみる。その甘さにハッとして、西に来たんだなぁと、感じるのだ。

私にとって日本最北の鮨は、礼文島《れぶんとう》の香深《かふか》という港町で食べたものだ。一方、最南は奄美大島《あまみおおしま》。ガラスケースに並んでいる真っ青な魚はあまりにも鮮やかすぎて、ちょっと手が出せなかったけど。

と、そんなふうにあちこちの地域で鮨がひとり歩きしている姿を見るのは、旅の愉しみでもある。街を知り、土地を愛するには、鮨を食べることが一番手っ取り早いと、私はいつも思う。

今回撮影で訪れたのは、神奈川県は三浦半島の先っぽにある三崎《みさき》という港町だ。日本有数の遠洋漁業基地というだけあって、どこを見ても「マグロ」の文字が目につく。その看板を見ているだけでお腹がグーと鳴る。何を隠そう私の大好物は〝トロ〟である（二番目は僅差でウニ）。

その日はビンナガマグロ、通称〝ビントロ〟のにぎりをいただいた。マグロのなかでは小振りなビンナガだが、柔らかさ、旨み、味ともに、ふつうのトロと遜色ない。醤油を付けると、溶け出した虹色の脂が小皿に円を描いた。それでいて後味はさわやかで、思わず歓喜の声を上げてしまう逸品だった。

マグロが抜群に旨い三崎だが、このあたりはオートバイで走ってもなかなか楽しい。駅から1キロも離れていない丘の上は、一面の野菜畑である。久しぶりに見た地平線。そのど真ん中をオートバイで突っ切ると、徐々に大海原が姿を現す。東京から1時間そこそこで来られる三崎だけど、半島特有の〝果て感〟もしっかり味わえる。

外観と味は、比例する

私がとりわけ贔屓にしている店が北海道にある。その鮨屋と出合ったのは2004年の夏のことだ。

その日、私は稚内《わっかない》から日本海沿いをオートバイで南下していた。雲ひとつない青空だった。果てしな

く続くまっすぐな道と、海と、原野。途中、風力発電の巨大な白いプロペラが、何キロにも渡って立ち並んでいた。太陽が真上にのぼったころ、無性に鮨が食べたくなり、たまたま通りかかった小さな港町に寄ることにした。

坂が多い町だった。スナックだらけの寂れたメインストリートをゆっくり流す。すぐに鮨屋は何軒か見つかったが、正直どの店もいまいちピンと来るものがなかった。なんというか、それらの鮨屋は〝鮨・天ぷら・ウナギ、大小宴会承ります〟ふうな、何でもアリな感じだったり、一応入り口に〝鮨〟と書かれてはいるが、どう見ても喫茶店ふうの店だったり。やっているかどうか定かではなく、看板が傾いている店もあった。

いろんな土地で鮨を食べ、ときに失敗を重ねるうちに、その店が当たりか否か、感覚的にわかってくるものだ。私の判断基準はいたって簡単。〝鮨屋の外観と味は比例する〟、である。けっして豪華な店がいいというわけではない。店構えの雰囲気とかセ

この撮影の直前に発売された、トライアンフのスクランブラー。英車に乗ったのは初めてだ。空冷DOHC並列2気筒エンジンの865cc。ずしりとくる車重やクラッチ。股の熱さ(空冷エンジン)。いい意味無骨なシルエット。このフィーリング、アレに似ている。私の愛車、スポーツスター！ などと、ひとり驚きながら三浦半島をのんびり流した。「クニイさんさぁ、ぶっちゃけ自分のバイクより似合ってるよ」と、カメラマン岡村氏に言われ、少し複雑な気持ちになった。

ンスとか、ちょっとしたことだ。かたや、イタリアンなど洋食系の場合、見かけ倒しの店が多くて困っている（こちらはただいま見極め研究中）。

で、この町には美味しそうな店はない。私は勝手にそう判断し、オートバイに跨った。と、そこに小径の奥、壁に取り付けられた小さな看板が、ふいと視界の片隅に入ったのだ。目をこらすと、つつましやかな書体で「鮨」と書かれているではないか。

店頭には華美な装飾や、のぼりや、メニュー表など何もない。あるのはささやかな看板と、風にゆるりと揺れているエンジ色の長い暖簾だけ。そのふたつのバランスが、じつにいい。シンプルすぎる店構えにひかれ、吸いこまれるように入り口の格子戸に手を掛けた。

今年の夏は、アワビだよ

こぢんまりした店内には、やわらかい照明がそそがれている。白木を基調とした内装のところどころには、生け花や書がさり気なく飾られていた。コの字型をしたカウンターの内側では、40歳前後だろうか、肌つやのいい旦那がひとり手際よく鮨をにぎっている。うっすらと聞こえてくるジャズ。先客の華やいだ声が心地よかった。そつがなく、あか抜けた雰囲気に、一瞬この場所が寂れた港町だということを忘れた。

私の予感は的中した。味が大当たりだったのだ。北海道でとれたという、とろけるようなマグロのにぎりを一口食べた瞬間、そう確信した。次々と出される小鉢は、ひと手間もふた手間も手がかけられている。北海道のダイナミックな素材に加え、この店には技もあるようだ。心のなかでガッツポーズ。

でもひとつ残念なことがあった。それは大好きなウニが品切れだったこと。納得が行くネタを仕入れることができなかった、と旦那はカウンター越しに何度もわびる。

「でも、その代わり……」と、彼が出してくれたのは、ハッカクという地魚だ。つややかな乳白色の白身。ぷりっと弾ける食感に、ウニなんかどうでもよくなった。客をがっかりさせまいとする旦那の心意気がただただ嬉しかった。

それからというもの、この鮨屋には年に何度も足を運ぶようになった。旦那は「トロとウニが大好きなバイク乗りのお姉ちゃん」と、憶えてくれた。先日も、塩蔵していない生の数の子を食べにお邪魔したばかりだ。そのとき旦那に言われたのは、「今年の夏はアワビだよ」。そんな話を聞いてしまったら最後、私の胃袋はアワビに向けて着々と準備を始めてしまっている。

三崎駅近くの鮨屋で、地物のにぎりをいただく。エッセイのなかではふらっと入店した雰囲気で書かれているが、いいえ。だいぶ前からインターネットで調べ、その結果この店を選んだのだ。ぬかりなく。

美味しい回転鮨のお店

「鮨は回っていない方がいい!」などと、えらそうなことを書いたが、ちょうど2カ月前、美味しい回転鮨の店を見つけた。場所は館山道(たてやまどう)、君津(きみつ) I.Cのすぐそばだ。

回転鮨ではあるが、回っているのはネタが書かれた札のみ。そのつど旦那にオーダーし、にぎりたてホヤホヤの鮨が食べられる。「炙って」とか「タレじゃなくて塩」とか、こちらのリクエストにもこころよく応えてくれるから嬉しい。値段はふつうの回転鮨よりも気持ち高い。でも、満足度もだいぶ高い。

つい先週、仲間7人と南房総でサーフィンをした。そのうちひとりの男性とは初対面だ。海にいるあいだ、私たちはほとんど会話を交わさなかったが、帰りがけ立ち寄った例の回転鮨の店で突如距離がグッと縮まる。彼もまた、大の鮨好きということが発覚したのだ。

鮨は白米+ネタ+わさび+醤油が織りなすシンプルなご馳走だ。それゆえに地域の特色が色濃く現れる。100軒の鮨屋があったとすれば、100のスタイルがあり、客もそれぞれ異なった食べ方をする。けれど男性は、選ぶネタ、食べる順番、鮨の食べ方(箸ではなく手でいただくところとか)、醤油の漬け方、次のネタをオーダーするタイミングなど、もしかしたら前世は双子だったのかしらと無根拠なことを思うほど、完璧に私と同じ流れだった。

「次、トリ貝いっちゃおうかな〜」回る札を眺めながら私がつぶやく。

「奇遇だね。オレもいま、たのもうとしたところ」男性が笑う。

回転鮨は通常2貫ずつ出される。あまりにも私たちの選ぶネタがかぶるので、途中から1貫ずつシェアすることにした。少しずつたくさんの種類を食べようという作戦だ。

あっさり系の白身から始まり、貝類、地物のネタに進む。ヒラマサ、キンメ、アジ、難しい名前のこのあたりでとれた海草や、千葉の県花、菜の花のにぎりもいただいた。「千葉に来たらナメロウを食べないと」という男性の言葉に、私は深くうなずく。その食べ物とは、アジの刺身、みそ、日本酒、ネギ、しそ、ショウガなどを粘りけが出るまで細かくたたいた、房総を代表するごちそうだ。

千葉の味覚を満喫したら、お次はアナゴ。むろん私たちは、タレではなく"塩派"である。その後、シラウオ、エビ、カニミソなど、次第に濃い味のネタにシフトしていく。

「そろそろラストスパート?」私が言う。

「おう。盛り上げていこう。キミは大トロ派? それとも中トロ派?」男性はたずねる。

「中トロ派、かな」なめらかな中トロの舌触りを楽しんだ後、今度は私がたずねる。

「シメは"ぎょく"(卵焼き)派? かんぴょう派? 私、わりとカッパ巻き派。梅しそが入ったやつ」

店を出た後みんなと別れ、自宅に向かってアクアラインをひとり走った。いやはや、今日は本当に楽しく美味しい鮨をいただいたものである。

「鮨には"起承転結"があるのだよ」とか、「そうそう、鮨ってなんだか物語みたいだよね」とか、「いやぁ、やっぱり鮨は旨い。幸せな食べ物だ」とか、ここまで一緒に盛り上がれる人がいると思わなかった。近い将来、さきほどの男性を、北海道の"あの鮨屋"にご招待したい。きっと気に入ってくれるに違いない。そんなことを思いつつ、突然われに返る。そういえば、男性の名前を聞いていなかったのだ。またどこかの海で会えたら、嬉しいのだけど……。

2006年3月4日、北海道の例の鮨屋にて。鮨友だちでもある兄と、ふたりで匂いをかいでいるのは"海苔"。たいへん希少なものらしく、たったの3枚で普通の海苔100枚分のお値段だとか。人肌の酢飯に巻くと、何ともいえない磯のいい香りがプンと漂う。

6

＊いまの生活に欠かせない趣味サーフィン

オートバイと波乗りと私は、つながっている。

［BMW F650GS］

オートバイか、サーフィンか

現在、私は深刻な悩みを抱えている。それはオートバイとサーフィン……私にとって甲乙つけがたい大切な趣味の両立だ。

たとえば明日、まる一日オフだとする。さて、何をして過ごそうか。オートバイに乗りたい。サーフィンだってしたい。けれどオートバイにはサーフボードが積めない。それならば波乗りした後、家に戻ってツーリングに行くか！　……いやいやそれは時間的にも体力的にも、絶対無理——などと、休みが近づくたびに眉間にしわ寄せ自問自答している。このところは「う〜ん、やっぱ海！」と、新参者の趣味であるサーフィンを断腸の思いで選んでしまう日々が続いている。

そもそも波乗りを始めたのは、とあるテレビのプロデューサーから、サーフィン番組を立ち上げるから出演しないかと誘われたのがきっかけだった。撮影でいろんな場所に行けるだろうし、素敵な人にもたくさん会えそう。なんか楽しそう〜と、ごく軽い気持ちでお受けしたのだ。

が、初めてのサーフィンはいまいちピンと来るものがなかった。この遊びっておもしろいのか、なんなのか。そのいちばんの理由は、これを言ったら元も子もないけど「仕事だった」こと。

プロに習って1時間半ほどサーフィンをする。海から上がるや、大あわてで髪を乾かす。どろどろの潮々になったメイクを一からやり直す。衣裳を着替える。場所を移動し、次の撮影に取りかかる……。

仕事中はそんな具合で時間に追われてばかりいた。早朝集合にもかかわらず、ロケが終わるのはたいてい深夜だった。サーフィンを楽しむ余裕がないまま、5、6回の収録がすぎていく。

しかし、その番組でハワイのオアフ島を訪れたときのことだ。海と自分の気持ちがピタリとはまった瞬間があった。ふだんなら沖に出る前にネを上げていたパドリングが、この日は不思議とスイスイ進んだ。波も次々とつかまえることができ、いざテイクオフ（ボードの上に立つ）。海面よりも一段高い目線から見えた世界はとても輝いていた。背後から心地よい波の音が聞こえる。ボードの上に立っていた時間は、おそらく10秒とかそんな短いものだと思うけど、〝ときが止まっている〟ような不思議な感覚は、いままで経験してきたどのスポーツとも異なった。海に浮かぶ、地球と遊ぶ。なるほどサーフィンって、こういうものだったのか！　何ともいえない興奮に包まれた。

それからの私は、番組スタッフに呆れられるほど波乗りに夢中になった。岸から「そろそろ上がれ」のサインを出されても、見なかったふりをして沖へと引き返した。少しでも長く波とたわむれていたいから、海上がりのメイクなどしなくてもいい。

この変わりようには自分自身が一番驚いた。番組が終了してからも、サーフィン熱は冷めるどころかますます盛り上がり、少なくとも10日に一度は海へ通っている。つい最近も奄美大島のサーフトリップから戻ってきたばかりだ。

中2の夏、勝浦の思い出

オートバイに出合ったのは10年近く前だ。跨って、走って、旅をすることがただただ楽しかった。雨の日も小雪がちらつく日も、オートバイにさえ乗っていれば幸せだった。もっとツーリングをしたいがために仕事も辞めてしまった。まるでプツンと糸が切れた凧のように、日本中を駆けめぐった。この乗り

2005年7月13日、千葉県・一宮にて。海に沿って通る県道30号線、通称「九十九里（くじゅうくり）ビーチライン」は、老舗のサーフショップや、サーファーが集うレストランが建ち並ぶ。私もよく、海上がりに利用しています。

物のおかげでたくさんの素晴らしい出会いがあり、私が生まれ育った日本という国をますます好きになった。

最近になってようやく、オートバイに対する情熱はひと息ついた。オートバイは生活の一部であり、あって当たり前の存在に変わったからだ。いまは、天気がとりわけいい日、気分が最高にいいときにしか、あえて乗らないようにしている。そのおかげでますますオートバイの気持ちよさ、大切さがわかるようになった。

だが、そんなときにサーフィンという新たな趣味が加わってしまったものだから、前述したように休みが来るたび贅沢な悩みに頭を痛めている、というわけなのだ。

などということを先日、編集部で愚痴っていると、「じゃあ、サーフボードはこっちで運ぶから、クニイさんはバイクに乗って海に行けば?」と、K編集長がおっしゃる。彼との付き合いは長いが、この日のK編集長は、まるで仏のように神々しく見えた。

しかも行く先は、大好きな千葉である。

房総半島は、いつも波乗りをしに行くなじみの場所だ。そして私にとって、思い出深い土地でもある。

中学2年のときだったか、ある悪戯が原因で学校に呼び出されたことがあった。激怒した親父は「東京にいてもロクなことがない!」と、夏休みの間中ずっと、彼が勤めていた会社の保養所でひとりおとなしくすごすことを私に命じた。その保養所は、外房の勝浦《かつうら》という港町にある。

オートバイやクルマを乗り回しているいまでこそ、勝浦から東京まではなんてことはない距離である。けれど、交通手段が電車かバスか、その夏に親父が買い与えてくれたママチャリしかなかった中学2年の私には、そこはまるで異国のような場所に感じた。いつも遊びに行っている渋谷や表参道にはそうそう簡単には行けないし、いつもつるんでいる友人とも会えない。買い物だってできない。初めはおおいに嘆いたものだが、3日経ち、1週間がすぎていくうちに、勝浦で過ごす日々はまんざらでもなくなってきた。

この町には能登半島の輪島や岐阜の高山と並ぶ、立派な朝市がある。日の出とともににぎわいはじめる通りには、水揚げされたばかりの海の幸、もぎたての野菜や果物、自家製の漬け物、餅、干物、工芸品などを売る店が、数百メートルに渡って立ち並んでいる。値段は驚くほど安い。毎朝、朝市に通っては新鮮な食材を手に入れ、朝食を作るのが私の日課だった。昨日は採れたてほやほやのカツオのたたき。今日はプリプリ肉厚のイカと、地物トマトのパスタ。明日は勝浦産のアジをたたいて味噌で焼いた、香ばしいサンガ焼き……。いままでの人生で、朝食にもっとも気合いを入れた日々だったことは間違いない。

日に日に潮風で錆びついていくママチャリに跨って、あちこち走り回った。太平洋に沈んでいく少し寂しげな夕陽を毎日のように眺めたこと。声の限りに鳴く蝉の声。夜空に浮かぶ星がさまざまな色をしていたこと。台風がやって来た晩、おそろしい音を立てて風が窓を叩いていたこと。夏が終わりに近づくにつれて活気がなくなっていく海の家のこと。

それまでの私は、東京というごく狭い世界のなかで生きていた。この夏がなければ、いまごろひとり旅はしていなかっただろう。きっと、オートバイにも波乗りにも出合っていなかった。私にとって勝浦は、かけがえのない縁を結んだ場所である。

あきらめたＢＭＷ

今回乗ったＢＭＷのＦ６５０ＧＳもまた、ゆかりのあるオートバイだ。それというのも、大型バイクを購入する際、ハーレーダビッドソンのスポーツスターにするか、ＢＭＷにするか、かなり真剣に悩んだからだ。けれど先代のこのシリーズはシートがとにかく高く、お尻をどっちかにずらしても片足すら地面に届かなかった。

そんな記憶があり、やや緊張して跨ったＦ６５０ＧＳである。不安なんか吹っ飛んだ！　だって両足が、つま先ではあるけれど、いちおう着くではない

防砂林の隙間を縫って走る九十九里有料道路。途中視界が開け、海が望める。文化的な湘南方面も好きだけど、この雄大な眺め、ビーチの空き具合、波が荒く、ときにものすごく筋肉痛になる千葉は、もっと好きです(笑)。

か。２００キロ近い車重を少しも感じないほど、軽やかに走る。もし、先代のマシンで足が届いていたら、この７年間の人生はどうなっていただろう。少し複雑な気持ちになった。


　いつもはクルマの屋根にサーフボードを積み、海へと向かう九十九里《くじゅうくり》有料道路。太平洋に沿って走る爽快な直線を、この日はオートバイで走った。

　サイズは「腰」くらいか。

　風を切りながら、さりげなく波チェックする。後続するＫ編集長のクルマは、私のサーフボードを積んでいる。オートバイに乗ったあとにサーフィンができるなんて、夢かなって幸せというか、なんだか変な気分だ。６５０ccのシングル・エンジンが軽快な音を立てて回る。２つの車輪はアスファルトをすべるように進んでいる。

　何もあせることはない、とふと思う。

　オートバイと、波乗りと、私。そして千葉はつながっているのだから。


　そんなことを考えながら、ときおり唄を口ずさんだりして、私はサーフポイントに向かって走っている。

2006年10月25日、伊豆半島の多々戸浜（たたどはま）にて、波乗り仲間たちと。10月も終わりだというのに、夏のような空だった。水曜日の海は相変わらず空いていた。周りを見渡せば仲間たちの笑顔だけ。

オートバイとサーフィンの強力な縁

波乗りを始めてから、私の休日は毎週水曜日になった。その日を"海の日"と決めて、千葉に出かけている。

勝手気ままなフリーランス。仕事さえ入っていなければいつ休んでもかまわない。でも、いつもの波乗り仲間たちが、水曜定休のバイク屋やクルマ屋なのである。1台のクルマに相乗りなどしながら、ワイワイ海に出掛けた方が楽しいに決まっている。彼らの休みに合わせての水曜"海の日"というわけだ。

平日のビーチでも、サーファーの姿はぽちぽち見受けられる。いったい彼らはなんの仕事をしているのだろう。自分のことを棚に上げて、そんなことを思ったりする。水曜休みが多い職種といえば、バイク屋？ クルマ屋？ それとも不動産屋？ まぁいいか。それにしても平日に遊ぶのは、道も海も空いており気分がいいものだ。

話は戻るが、私の波乗り仲間というのは、もとをたどればオートバイからつながった友人ばかりだ。奇遇にもほぼ同時期におのおのサーフィンに目覚め、気づいたときにはよき波乗り仲間になっていた。

サーフィンを始めたきっかけを作ってくださった番組プロデューサー。彼もまたバイク乗りである。私が以前書いたオートバイにまつわる拙書が発端となり、番組出演のお声をかけてくださったのだ。そう考えると、オートバイがあってこそのサーフィン。これらふたつの趣味は、強力な縁でつながっている。

ところで、このエッセイを書いたのは、2005年の夏だ。あれからちょうど3年が経ち、現在はサーフィンも生活の一部になってきたところだ。ツーリングをする機会も以前に比べたら少しずつ増えて、ようやく当時抱えていた深刻な悩み——オートバイとサーフィン……私にとって甲乙つけがたい大切な趣味の両立——は解消されつつある。

*日本の旅の醍醐味はオンセンだ！

温泉にまつわるエトセトラ

［モトグッツィ・ブレヴァV750］

7

ベスト温泉5ヵ条

温泉はいい。それが露天風呂ならいうことがない。脱衣所の冷たい足もと。つま先立ちで湯船へといそいそ小走り。湯のなかにそろりとつかると、オートバイでこり固まった身体がほぐれていく。その瞬間を、私はこよなく愛している。「ああああ」と、おっさんのような吐息をもらしながら、空をあおぎ見る。燦々と降り注ぐ太陽が、色づいた木々をあざやかに照らしている。すぐわきでは澄んだ川がちろちろと流れている。こんな私にも、〝世界一温泉を愛する国民〟のDNAがしっかり埋めこまれているのだなぁと、つくづく思う。

温泉に対する私の好みは、ちょっとうるさい。

たとえば……

◎源泉かけ流し（こんこんと湧くいで湯。つねに浴槽からあふれ出ているくらいの豊富な湯量）
◎秘湯（景色がよろしい）
◎少しぬるい（風景をめでつつ長風呂ができる）
◎人が少ない
◎無料（これ重要）

最後に挙げた無料の温泉は、探してみると日本中のあちこちにある。しかも、たいていが24時間いつでも入浴可能。とはいえ、自分のお気に入りをあんまり大っぴらにしたくない、心の狭い私である。あえて温泉名を伏せて書かせていただくなら、北海道

2006年12月4日、伊豆半島・修善寺（しゅぜんじ）にて。撮影スタッフのみんなに「黒いよ!」と罵声を浴びた私は、このロケの前日までフィジーで波乗りをしていた。カメラマン岡村氏、メイクのマキさん、そうとう苦労したみたいです。すみません……。

の帯広郊外にある〝S〟という野湯。今にもヒグマが「コンニチハ」と現れそうな、鬱然としたダートをえんえん10キロ近く走る。深い砂利にハンドルを取られてひやりとする。やっとの思いでたどり着くと、川沿いには緑褐色のお湯が人知れず沸いている。

それから、知床の国営キャンプ場の向かいにある無料温泉では、あまりのお湯の熱さに飛びあがってしまった。これでは入浴どころではない、やけどしてしまう。どうすることもできず素っ裸でもじもじしていると、地元のおばちゃんがやって来て、「こうすればいいのよ」と、手慣れた感じで2つの桶に半分ほど湯をくんだ。そして床に落ちていた、水がちょろちょろ流れ出るブルーのホースを手に取った。

「これで薄めるの」と、彼女は桶に水を少し混ぜる。適温になった桶のひとつにお尻をすっぽりとうずめたのである。もう片方は両足先をつからせる。まるで体育座りのような姿勢をした彼女は、歯を磨きはじめたのだ。そのあいだ、水が出ているホースは湯船のなかに突っこみっぱなし。


「これがこの風呂に入るコツ。歯を磨き終わったころには、ちょうどいい温度になっているから」と、彼女は笑った。

　そのほかにも満潮時には海に沈んでしまう〝S〟や、滝壺が自然の湯船になっている〝K〟など、無料温泉といえば北海道というイメージが強い。だが、東京からそんなに離れていない西伊豆でもお目にかかったことがある。国道沿いの小さな空き地にオートバイを停め、険しい山道を30分ほど歩いたところにある温泉だ。高台にぽつんとたたずむ浴槽からは、碧い海と空を望むことができた。高速道路料金や物価などはちょっと高すぎる日本だが、風呂に関していえばなんて気前がいい国なのだろうと、湯船のなかで感動した覚えがある。

温泉天国、青森

　ところで、私が一番好きな〝風呂処〟は東北の青森だ。この県は温泉の宝庫で、黄金崎不老ふ死《こがねざきふろうふし》、酸ヶ湯《すかゆ》、谷地《やじ》、浅虫《あさむし》、下風呂《しもぶろ》など、ちょっと走れば温泉に当たるといってもいいほどだ。

しかも温泉だけでなく、青森の旅は楽しい。安くて美味い魚介。手つかずの自然や渋い漁港の風景。なによりオートバイでアクセスしにくいところがいい。青森へは北海道のようにフェリーが運航していない。つまり東京や大阪から行くには自走するしかないのだ。

本州の果ての県は空いている。真夏の観光トップシーズンでも、浜は人よりカモメの数の方が多い。地元の人々のなまりはすごい。特に老人との会話は外国語を聞いているようだ。こんな素朴な場所が日本にも残っていたのだと、嬉しくなるのが青森なのである。

温泉と鮨と道を求めて、私はしょっちゅうこの県を訪れている。いろんな意味でもっとも印象深い露天風呂は、下北半島にそびえる恐山《おそれざん》の、すぐ裏手にある〝O〟だった。かねてから行ってみたかったその無料温泉に、いまから5年ほど前だろうか、9月に入ったばかりのある日、オートバイを走らせた。

O温泉のすぐそばにあるキャンプ場に到着したのは、すとんと日が暮れた7時ごろ。9月の始めといえ、山のなかは晩秋のような寒さだった。縮こまりながらテントを設営し、そそくさと夕飯をすませた。その日キャンプサイトで知り合った栃木の女性ライダーと、それぞれのランタンを手に温泉へ向かう。

ランタンの灯りだけがたよりの、真っ暗な山道を歩いた。女性ライダーは途中で忘れ物をしたことに気づき、「先に行って」と、私に言う。石段を用心深く下りると、河原から一段高い場所に湯船がぼんやり見えてきた。湯気が立ち上る露天風呂は、そこそこの大きさだった。岩を積み重ねた四角い浴槽には、先客がひとり。50歳前後だろうか、中年の男性が浸かっていた。こういった無料温泉はほとんどが混浴だ。けれどこちらも慣れっこなので、ランタンを消し、彼の対角線の隅っこに身体を沈め「こんばんは」と、声をかける。彼も気さくに挨拶を返してくれた。

乗ってすぐ「は?」と、首をかしげた。アクセルをゆるめて減速したとき、「えっ!?」と、驚いた。縦置きV型エンジンには今回初めて乗ったのである。メカ音痴ゆえ構造などさっぱりわからないが、スロットルを開けると右側に車体が「クンッ」と振られる。初めはリアがすべったのかとびっくりしたが、慣れてくるとこのクセが面白い。車体がコンパクトで軽いから、このオートバイ独特のクセを楽しむ余裕が生まれるのだ。ビッグバイクに跨るとき、ついつい「せーの！　ヨッコラショ!!」と、力みつつ車体を起こしてしまう。それと以前、友人が所有していたモトグッツィは、タンクが長くて車体が大きくて、こりゃ私には一生縁がないオートバイだと跨らせてもらう気にもなれなかった。でもこのブレヴァ V750は、軽い、楽チン。私にとって、はるか彼方にいたモトグッツィという存在を、グッと近づけてくれたオートバイである。

MOTO GUZZI

虫の声。そばを流れる川の音。目を閉じると、温かい川に浸かっているような気持ちになった。

「どこからいらしたんですか?」と、男性はふいにたずねてくる。世田谷です、と私は答える。

「ボクは相模原《さがみはら》から。今朝早く家を出て、いまさっき着いたんです。青森って遠いですよね」と、男性は笑う。虫の声と川の音に混ざって、私たちの声がぽつぽつと響く。しばらく世間話をしていると、さっきの女性ライダーがやって来た。

「ねぇ……」彼女は私に問いかける。

「さっきから、何ひとりでしゃべってるの?」と、彼女は呆気にとられたふうに言うのである。

「だって、おじさんがいらっしゃる………」と、私は幾分慣れてきた夜目で、対角線上を見やる。しかし、男性の姿は忽然と消えていた。私はうろたえる。慌ててランタンをつけたが、やはりさっきの男性はいなかった。けれどなぜか「怖い」とか「気味が悪い」などとは思わなかった。彼との会話があまりにも自然だったからだ。

恐山での体験

O温泉の裏手にそびえる恐山といえば、日本最大の霊場として有名だ。私はこわがりのくせに、子どものころからその手の話が大好きで、恐山はとても気になる場所だった。じつはO温泉へ行った半年ほど前、興味本位で山のてっぺんにある宿坊に泊まったのだ。

この世のものとは思えない荒涼とした山。不気味に回る、あざやかな赤やピンクのかざぐるま……。

確かにおどろおどろしい景色ではあったのだが、私が長年想像していた恐山とは少し違った。手のこんだ映画のセットみたいだな、と肩すかしを食らった気になった。が、問題はその日の晩だ。一夜中〝金縛り〟に遭い続け、姿こそ見えなかったものの、枕元を通りすぎる得体の知れない足音を幾度となく聞いてしまったのだ。たしかにここは霊の通り道なのかもしれない……と、身動きができない身体でふと思った。

けれど元来、霊感もへったくれもない私である。人生のなかで不思議な体験をしたのは、後にも先にも恐山の宿坊と、その裏に湧くO温泉、この2回だけだ。そう考えると、もしかしたら恐山と私の波長は異常なほど合うのかもしれない。だから、毎回不可思議な事件が起こるのかも……。

O温泉での一件以降、青森にはたびたび行ったが、恐山からはあえて足を遠ざけている。

浴衣の登場はMOTO NAVI初の試みだという。「気合い入れてヨ!」と、撮影中、編集長にずっと言われていた。気合いが入りすぎて、よ〜く見ると両足が鳥肌ビンビン。この日のロケは寒かったからねぇ……。

撮影終了後、いつもスタッフさんたちと記念写真を撮る。そのとき必ず、カメラマン岡村氏がおかしな行動をする。ほら、この写真でも、私の隣で怖い顔をしているし……。

旅の裏メニュー

「どこにでもある健康ランドみたいなところなのよ。ちゃちいプールとかカラオケとかがあるような」

私があつく信仰している美の教祖さま(エステのおばさま)。彼女が教えてくれたF温泉のことである。秋田県には玉川温泉など名だたる湯治場がいくつもあるが、そこも隠れた名湯だと教祖さまは言う。

F温泉は、彼女のお母さまのご出身地だそうだ。小さいころは、皮膚病患者が湯治で訪れている姿をよく見かけたという。

「東京で、頑張って肌の手入れをするのがむなしくなるほど効く」

教祖さまは現在でも、この温泉に入るためだけにわざわざ秋田へ向かうのだという。

ペットや金属や花粉など、そこにアレルギー物質があれば、すべてに反応してしまう私である。先日、秋田に用事があり、せっかく近くまで来たのだからと、F温泉に行ってみた。まさに“聖地巡礼”(笑)。市内からレンタカーで約2時間。同じ県内といえ、聖地まではけっこう遠かった。

たしかに何の変哲もない、田舎の古い健康ランドだった。でもお湯は、肌に膜がかかるようなヌルヌルした感触。いわゆる「美人の湯」といわれるアルカリ泉だ。舐めると少ししょっぱい。

翌朝目覚めて驚いた。このところ気になっていたいくつかのトラブル、たとえば腰骨あたりのカサつきとか、蚊に食われて長いこと痒かった箇所とかが、しっとり改善されていたのだ。まさに湯治!

今回のように肌のトラブルがスーッとおさまったという場所は、これまでもいくつかある。屋久島の森をはじめ、奥日光の某温泉、奄美のミネラルたっぷりの海もそうだ。今回、美の教祖さまに教えてもらった秋田のF温泉も、「国井の隠れた名湯リスト」に堂々ランクインしたのであった。

日本にはあといくつ、そういう場所があるのだろう。それこそ「自分の肌に合う」土地を探すのが、私の旅の裏メニューだったりする。

8

＊私の原点、そしてよき相棒

アイ・ラブ・マイ・スポーツスター！

［ハーレーダビッドソン・スポーツスターXL1200S］

安物買いはしない

7つ歳が離れた兄と私で、いつも揉める事柄がある。それは「物」についてだ。

兄は物に対するこだわりがない。ブランドも使い勝手も関係なく、そのときに出合った物が「ベスト」。そのかわり、ここからのこだわりがすごい。けっして手放したり捨てたりしないからだ。

「いままで使ってた何かを捨てて、新しい物を買うとするだろ？　なんか、旧い友だちを見捨てた気分になるんだ」と、私には理解不能なへりくつをこね、安いTシャツや、〝○○温泉〟と書かれたタオルなどを、ボロボロになってもさらに使いこむ。

かたや私は、安物買いに走らない。他製品と比較し、納得いくまで吟味し、ときに買うのを見送ったとしても、やすやすと飛びつかない。以前、石鹸受けを一つ買うのに、じつに半年以上かかったことがある。

そんなふうにして、やっとの思いで購入にこぎつけた物たちだけど、私にとって物はあくまでも「物」で、それ以上の価値はない。壊れたり、じゅうぶん使って古くなったり、現状の生活に合わなくなったら、ハイ、それまでよ！

大掃除などで不要物をバッサバッサとさばいていく私のことを、兄は「冷酷」と表現する。しかし私も、兄がかたくなに使うボロボロの持ち物を見るたびに「みすぼらしい。サッサと捨てて次いったら？」と、ののしる。血を分けた兄妹。幼少時代を同じ生活、同じリズムで生きてきたはずなのに、どういうタイミングで価値観がずれてしまったのかと、お互い驚いている。

　完全によけいなお世話だが、ここ数年私が気になっている兄の持ち物は、原形をとどめていないほど酷使された自転車だ。数年前、近所のディスカウント・ショップで、さらにセール品として売られていた極安のマウンテンバイク。兄はそれに跨り、北海道は知床〜稚内へ。東京の日本橋からスタートし、東海道を走破し京都へ。長野の山を越えて金沢にもおもむいた。その年のゴールデンウィークでは四国八十八ヶ所を制覇し、帰宅して数日後には佐渡島を半周する130キロの走行会にもエントリーした（その会には私も同行した）。

　これまでの走行距離は、ざっと4万キロ。地球一周と同じである。そのあいだ何度もベアリング、ギア、タイヤなどを交換し、あまたの修理を重ね、現在手を加えていないのはフレームのみ。買った値段のおよそ5〜6倍はリペア代として投資されている。自転車メーカーの方が聞いたら製作者冥利につきるのか、はたまた心配してしまうほど、ヘヴィーな乗り方をしている。

　どうして兄は、そうまでしてボロ自転車に固執するのだろう。旅先で壊れるのでは？と、不安になったりしないのだろうか。基本的には、彼と私は気が合う。しょっちゅう一緒につるんで遊んでいるが、物に対する概念は一生かけても分かち合うことができないだろう。

出会いは渋谷の交差点

　しかしながら、兄に「冷酷」と言わしめる私にも、どうしても捨てられない、いやいや、むしろいつまでもそばに置いておきたい大切な物がひとつだけある。それは、20世紀（1999年）に手に入れたXL1200S、ハーレーダビッドソンのスポーツスターだ。

　そのオートバイと出合ったのは、23歳の冬。当時

2007年5月29日、世田谷区・駒沢（こまざわ）公園にて。大学を卒業するころまで、「健康的な遊びをする」ときにこの公園に来た。インラインスケートとか、犬の散歩とか。写真のこの場所、空が広くて気持ちいいんだ。

の私は駆け出しの国産バイク乗りで、そのとき勤めていた会社からの帰宅途中、渋谷の交差点で信号待ちをしていた。すると、少し遅れてタンクがやたらと小さいオートバイが真横に並んだのだ。スリムな車体。そのわりに存在感のあるエンジンと、腹の底に響く排気音。見慣れないスタイルに、釘づけになった。急に興味が沸き、30歳くらいの男性オーナーに話しかけてみると、そのオートバイはハーレーダビッドソンの〝スポーツスター〟という車種だと教えてくれた。

そのころ私の仕事は朝早く、それでいて帰宅も遅く、上司との付き合いがガッチリあり、土日の休息はままならず、というか正月、ゴールデンウイーク、お盆にも出勤し、実際に休みが取れるのはいいところ月に1〜2度だった。生まれて初めて味わう激務に、人生がしぼんでいくような恐怖を覚えた。せめて趣味で気持ちをまぎらわせようと貯金をはたき、いま思えばすがるような思いで渋谷で見かけたのと同車種のオートバイを手に入れた。

私の人生を変えたオートバイ

予備知識が無いまま、ほとんど一目惚れのような状態でわが家にやって来たスポーツスターに、初めのうちは驚いてばかりいた。たとえば、独特のクセがある振動。乗り続けてちょっとも経たないうちに手が痺れ、感覚が無くなった。排気量が１２００ccもあるというのに、時速１００キロへと導くのがやっと。次第にスピードを出すのが阿呆らしくなり、ま、いいか。のんびり行こうと、ちょくちょく休憩を交えながら、ゆっくり走るようになった。

寄り道が楽しく〝旅向き〟の愛車に跨るたびに、不思議な感情がふつふつと沸き起こった。どこか遠くへ行ってしまいたい。このままずっと旅をし続けていたい。しかし私にはかんじんの休みがなかった。そんなどうしようもない事実や、鬱々とした日々に疲れ果て、ある日突然会社を辞めた。

やっぱりこのオートバイは、私の原点なのである。

いろんな場所をともに旅し、私が生まれ育った国を改めて好きになり、いろんな人と出会い、いい仲間とも巡り逢えた。また、かねてから憧れていた旅ライターの仕事にたずさわる転機にも恵まれ、スポーツスターとの思い出はつきることがない。

そんなこんなで気づけば今年で、スポーツスターと出合って9年目である。乗り始めた当初は、通勤、買い物、旅、デートなど、あらゆる用事をこのオートバイ一台でこなしていたが、最近は年に3～4回、ちょっと長めのツーリングに出かけるときのみ引っ張り出している。

よく見ると、ボロボロ錆び錆びの車体。さすがに9年も乗っていると、いろんなところがやれてくるものだ。ちなみに先日迎えた4回目の車検では、前後のベアリングとドライブ・ベルトを交換した。モノにモノ以上の感情を一切持たないいつもの私なら、「もういいでしょ。じゅうぶん乗ったでしょ！」と、さらりと手放しそうなものだが、それでもこのオートバイだけはなぜ持ち続けているのか、自分でもわからない。

車検から帰ってきた愛車を眺めていると、こいつとまた夢の続きが見られそうだ……って、さすが血を分けた兄妹。兄と同じようなことを言っているのに気づいてしまった！

三軒茶屋（さんげんぢゃや）と下高井戸（しもたかいど）を結ぶ、昔懐かしい世田谷線。懐かしい……といっても、電車のカラーリングが派手になって、PASMOも使えるから、昔からすればだいぶ近代化されたのだけど。

この写真は私がプロデュースするウェアブランド「riderove」ゆいいつの直営店「ライドローブ東京高井戸店」兼カスタムショップ「6's cycle」にて。東京都杉並区高井戸東2-13-8 ☎03-5430-7867 http://riderove.jp

三軒茶屋のど真ん中。国道246号線（通称ニィヨンロク）と世田谷通りが交わる交差点。上には首都高3号線が通っている。なじみの道だけど、こうやって写真で見ると新鮮。

毛細血管のような細い路地に、スナック、居酒屋、バーなどがひしめく。しぶい銭湯もある。
私はここを「昭和の三角地帯」と呼ぶ。しょっちゅう訪れているお気に入りの場所だ。

私と三軒茶屋

旅をしていないとき、つまり東京にいるとき、週のおよそ半分は世田谷・三軒茶屋（さんげんぢゃや）に足を運ぶ。その街とわが家との距離は2キロ強。歩いて行けなくはないが、地元ではない。

けれど、思い返せば小学生のころ、毎週土曜日に通っていたプールが三軒茶屋だった。中学高校とよく行ったゲームセンターやカラオケも、大学4年間仲良くしていた彼の実家も三軒茶屋だ。そして現在、なじみの飲み屋やホットヨーガ教室がこの街にある。目には見えない強力な磁石に吸い寄せられるように、三軒茶屋とは縁があるのだ。

今回の撮影では、国道246号線と世田谷通りに挟まれた行きつけの飲屋街を訪れた。明るい時間に来たのは初めて。人とすれ違うのがやっとなほどの細い路地。昭和の匂いがする建物。見上げるとニンジン色をした高層ビル“キャロットタワー”が、狭い空に立ちはだかっていた。そのコントラストが妙にかっこよくて、「三軒茶屋、最高」と、心のなかでそっと思った。

See you soon!

おわりに

本書はオートバイ雑誌『MOTO NAVI』に連載した3年3ヶ月分のエッセイを、選りすぐってまとめたものである。でも、連載を始めるずっと前から私はオートバイに乗っていた。今年の9月で、まる10年になる。

免許を取る以前はというと、周囲にはバイク乗りがほとんどいなかった。むしろ「危なっかしい！」と、眉をひそめる人のほうが多かった気がする。余談だが、亡き親父はオートバイに跨った瞬間「転んで死ぬ」と、本気で思いこんでいた。

自分には縁遠かったオートバイだが、ひょんなことから興味を持った。その後すぐ教習所に通い、毎晩頭を悩ませたすえ、『KATANA』という400ccの国産マシンを手に入れた。20代そこそこの女子が乗るにはややマニアックなそれに跨り、週末が来るたびツーリングへ出かけた。乗れば乗るほどはまりこんだ。いま思うと、なんだかそれは〝恋〟に似ていた。

そんなふうに免許取り立てのころは、あちこちを走り回るのがとにかく楽しかった。触れているだけでしあわせだった。そのうちオートバイのある生活が当たり前になると、その乗り物を使って「何をするか」に重点を置くようになった。

人と出会う。うまいものにありつく。ツーリングにトレッキングやキャンプなどを加える……。そうすることで世界がさらに広がった。あいにくオートバイで波乗りをすることだけは、まだ実現できていないけれど（94頁「今の生活に欠かせない趣味サーフィン」参照）。

まぁともかく、10年という月日をかけて、ただやみくもに走りを愉しんでいた趣味の道具が、いつしか手段になったわけだ。なんというか主役ではないけれど、それがないと始まらないもの。現在オートバイは、私にとって〝人生の一部〟なのである。

この10年で、オートバイのおかげでつながった「人」や「もの」や「こと」がたくさんある。もし、オートバイと出合っていなかったら、いまの私はどうなっていただろう。見当もつかない。

あなたの家のガレージにオートバイがあるならば、まだまだふくらみそうな愉しみを見つけてみてはどうだろうか？　ちなみに私はいまだその途中。私の旅は、オートバイとともに走り続けているところだ。

久しぶりに鎌倉を走ってきた。心地よいくたびれ感。いまから風呂に入ります。幸せ。

4月吉日　国井律子

1999年3月3日、神奈川県藤沢某所にて。スポーツスターがわが家にやって来た日。ピカピカの新車に跨ったとたん、雨が降ってきた。ずぶ濡れで帰宅したのを覚えています。

クニイの素《モト》

2008年5月30日　初版発行
2008年7月10日　3刷発行

著　者　国井律子《くにいりつこ》（BOA AGENCY）

写　真　岡村昌宏（CROSSOVER）

発行者　黒須雪子

発行所　株式会社二玄社
〒101-8419　東京都千代田区神田神保町 2-2
営業部
〒113-0021　東京都文京区本駒込 6-2-1
☎03-5395-0511
URL　http://www.nigensha.co.jp

デザイン　アチワデザイン室

印　刷　図書印刷

ISBN 978-4-544-40029-8